時兆文化

基督復臨安息日會基本信仰28條

耶穌愛我
我知道

查理斯‧米爾斯 Charles Mills
龐美蓮 Linda Koh 著

王忠吉
林思慧 譯

God ♥ Loves Me
28 Ways

Seventh-day
Adventist
BeLieve

目錄

導言

楊寶生牧師（Pastor Jan Paulsen）
前基督復臨安息日會全球總會會長

在我們的生活中，有些東西對我們是很重要的，那就是我們的「基本需要」。家庭、食物都是我們的基本需要，我們呼吸的空氣肯定是我們最基本的需要。

作為復臨信徒，我們也相信有些屬靈事物是屬靈生命的基本需要。我們根據《聖經》的教導，列出了這二十八條基本的信仰原則。

這二十八條的基本信仰原則並不是什麼數學題或拼寫測驗，所以你們不必好像應付考試般的對待它們，其實它們就好像一本幫助我們知道怎樣操作汽車或使用電腦的說明書一樣，幫助我們知道一些用來運作我們人生的重要事情。

你們會從這本書看到，透過上帝奇妙的慈愛，我們可以永遠與祂同住。你們會讀到「安息日」，知道為什麼我們每星期要有一天時間來紀念上帝為我們所做的一切。你們也會知道為什麼「行為」是很重要，因為你們每天所做的決定是會影響著自己和別人。你們也會透過這本書，知道未來的奧秘，和《聖經》中一些獨特的信息。

如果我要你們從這本書中，只記住一件事的話，那就是：當你決定跟隨耶穌，你就是選擇去過一個經歷奇妙、愛和振奮的人生；你選擇了一條可以通往豐盛的人生路！

我祈求上帝讓你們都時常知道，在天父的懷抱中是安全和蒙福的。

序

本社編輯部

什麼是基督復臨安息日會中心思想？透過本書的 28 個答案，可以讓孩子們在學習的環境中，清楚了解教會的信仰重點。而最重要的，每一個答案都讓人看到上帝那永恆、有力、永遠伴隨我們的愛。

在這本書裡，你們會知道一些同年紀的年輕人，他們都是透過這 28 個答案，找到上帝對人類的愛，祂每一天都向人彰顯祂自己。書中每一課都集中在一些日常生活中可見的事物，例如：雞蛋、消防員冒死衝入火場、舊手電筒、屋後一塊荒地等等。這些常見的事物都證明了上帝是在作工，隨時樂意讓你們的生活有新的喜樂。

每次閱讀這本書前，請家長帶著孩子先做禱告，祈求天父開啟你們的眼睛，使你們能夠明白祂為你們所預備的奇妙教訓。然後，你們就可以和耶穌親近，領悟祂的大愛，盼望祂所為你們預備的新天新地來臨。

願上帝祝福你們，讓你們尋找到這 28 種途徑，明白到上帝愛你們和所有寶貴的孩子。

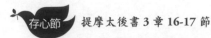

存心節　提摩太後書 3 章 16-17 節

《聖經》都是上帝所默示的，於教訓、督責、使人歸正，教導人學義，都是有益的。

第 1 條

上帝寫給我的信
《聖經》是上帝所默示的話

你喜歡收到你所愛的人寄來的信嗎？當你收到他們的信時，你是不是很興奮呢？你會不會很認真地去看每一個字呢？

今天，我收到祖父寄來的信。他告訴我，他險些兒滑倒在雪地上，又告訴我小鳥很快便把食物吃光了，還有祖母在上星期患上感冒，現在比之前好多了。

他還教導我怎樣對待那位喜歡捉弄我的同學，我真的很需要他的勸告，所以我常渴望收到他的信！

牧師告訴我，《聖經》是「來自上帝的信」，聖靈感動先知、使徒、君王、百姓，他們就把上帝的話寫成《聖經》。我們從上帝的話裡認識上帝的品格、上帝對人的愛和祂將人從罪惡中救出來的計劃。我起初不明白為什麼《聖經》是上帝的信，但收過祖父的信以後明白了！上帝會給我講故事、勸勉我和教導我不要做錯事，就好像祖父所做的一樣。

使徒保羅寫了很多充滿愛的信給哥林多、以弗所和加拉太教會的信徒們。他寫信勉勵他們要作耶穌基督忠心的信徒，還建議他們如何在教會和家庭中彼此相愛。

如果你也喜歡收到親人和朋友的信件，那麼，現在就拿起一本《聖經》來，每天讀一兩章。你可以先選擇讀〈新約〉裡的馬太福音或〈舊約〉裡的詩篇。這樣，你便知道耶穌愛你而被釘在十字架上，並且，現在祂在天上為你建造房子。這是多麼美好的事情啊！

試想像一下，上帝就是一位很了不起的祖父，祂擁有一個後院，每天都有很多小鳥飛來吃祂預備的食物。你就懷著這樣的心情細讀上帝用愛心寫給你的信，就是你手上的《聖經》。

本課要點

- 《聖經》這個詞源自希臘語「biblia」，意思是「書」。
- 《聖經》由不同的人，用了一千六百多年時間寫成。
- 《聖經》共有六十六卷，分為兩部分：〈舊約全書〉和〈新約全書〉。
- 〈舊約全書〉有三十九卷，主要是用希伯來文寫成，內容包括律法、歷史、智慧的話語與詩歌、大先知書和小先知書。
- 〈新約全書〉有二十七卷，用希臘文寫成，內容包括福音書、教會歷史、保羅書信、給各教會的書信和預言。

 思考問題

　　《聖經》如何幫助你在學校與那些極難相處的同學做朋友？在社會上，當你與這樣的人交朋友時，你會愛他們嗎？

　　找出 4 至 5 節《聖經》經文，有關教導你如何愛那些極難相處的人，就像上帝愛罪人一樣？

 試做看看

　　找一枝鉛筆和一些紙，到家裡寧靜的角落，給你所愛的人寫一封信，告訴他有關你這一天在學校裡學到什麼，或者告訴他，你跟朋友一起學到一個非常重要的道理，你也可以談談其他令人高興的事情，或寫一些鼓勵對方的話。就是這樣，你就寫下了一封用愛心寫成的信了！

習作 1

一間很特別的圖書館

 《聖經》好像一間大圖書館，請將《聖經》的書卷放回書架上原本的位置。將其號碼填在書的位置，請看範例①，你可以參考《聖經》前頁的目錄！

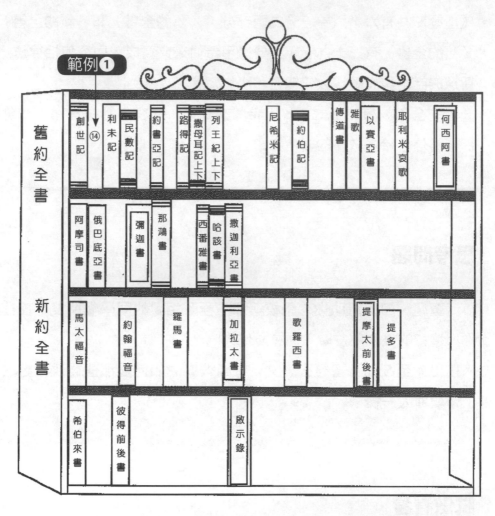

範例①

舊約全書

創世記 ⑭　利未記　民數記　約書亞記　路得記　撒母耳記上下　列王紀上下　尼希米記　約伯記　傳道書　雅歌　以賽亞書　耶利米哀歌　何西阿書

阿摩司書　俄巴底亞書　彌迦書　那鴻書　西番雅書　哈該書　撒迦利亞書

新約全書

馬太福音　約翰福音　羅馬書　加拉太書　歌羅西書　提摩太前後書　提多書

希伯來書　彼得前後書　啟示錄

① 哥林多前書
② 哥林多後書
③ 約翰一書
④ 約翰二書
⑤ 約翰三書
⑥ 路加福音
⑦ 歷代志下
⑧ 以斯拉記
⑨ 以西結書
⑩ 箴言
⑪ 瑪拉基書
⑫ 但以理書
⑬ 歷代志上
⑭ 出埃及記
⑮ 以斯帖記
⑯ 約拿書
⑰ 腓利門書
⑱ 耶利米書
⑲ 馬可福音
⑳ 猶大書
㉑ 使徒行傳
㉒ 哈巴谷書
㉓ 約珥書
㉔ 腓立比書
㉕ 雅各書
㉖ 申命記
㉗ 詩篇
㉘ 帖撒羅尼迦前書
㉙ 帖撒羅尼迦後書
㉚ 士師記
㉛ 以弗所書

習作 2

 《聖經》作者把《聖經》——上帝的話以其他物件作比喻，請圈出這些物件，並加以著色。如需協助，請閱讀以下經文：以弗所書 6 章 17 節；路加福音 8 章 11 節；雅各書 1 章 23，25 節；詩篇 119 篇 105 節。

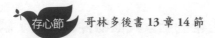

存心節　哥林多後書 13 章 14 節

願主耶穌基督的恩惠，上帝的慈愛，聖靈的感動，常與你們眾人同在。

三一真神

三一真神：父上帝、子上帝、聖靈

我們從教會聚會回來，我問媽媽：「我們要敬拜父上帝、子上帝和聖靈，這是怎麼回事呢？」

媽媽聽完我的問題後，便和我一同到廚房去。她打開冰箱，從裡面拿出一隻雞蛋來。

媽媽問我：「雞蛋的構造是怎樣的呢？」

教科學的老師曾告訴我們，所以我知道答案。我說：「雞蛋的外層是硬殼，內層是黃色的蛋黃和透明的蛋白。」

媽媽說：「因此，雞蛋是由蛋殼、蛋黃、蛋白構成的，對不對？」像雞蛋一樣，獨一的上帝是以父、子、聖靈的身分存在。聖潔的父、子、聖靈成為一體，上帝是三一真神！

現在，用三條分別是紅色、黃色和藍色的毛線相互交織成一束馬尾辮。紅色代表父，祂愛我們並赦免我們所有的罪；黃色代表子，祂道成肉身來到我們中間，並為了拯救我們而被釘在十字架上；藍色代表聖靈，祂會在我們感到沮喪時安慰我們，並教導我們做正確的事，幫助我們過一個快樂和健康的生活。

相信你還記得，當施洗約翰在約旦河為耶穌施洗時，天就開了，聖靈像鴿子降在耶穌身上，接下來父從天上發聲說：「這是我的愛子，我所喜悅的。」（馬太福音 3 章 17 節）。在這條河裡，父上帝、子上帝和聖靈一起組成一個奇妙的團隊，共同作偉大的工作。

本課要點

- 三一真神就是父、子、聖靈。

- 父、子、聖靈相親相愛，關係微妙（約翰壹書 4 章 8 節）。

- 父、子、聖靈一起合作。父願意捨去祂的愛子，子耶穌願意捨去自己的生命，並從聖靈而生 (約翰福音 3 章 16 節；馬太福音 1 章 18-20 節）。

- 父、子、聖靈的同一目標，就是拯救世人 (約翰福音 3 章 16-17 節）。

 思考問題

　　父、子、聖靈各有祂獨特的角色和任務，當我求幫助時，父、子、聖靈都會一起幫助我嗎？

　　父、子、聖靈是不是一起創造這世界呢？在《聖經》中找一些經文來回答這問題。

　　耶穌在十字架上呼喊說：「我的上帝，我的上帝，為什麼離棄我？」（馬太福音 27 章 46 節），上帝和耶穌之間的關係是怎樣呢？

　　請看哥林多後書 13 章 14 節保羅的祝福語。為什麼這裡的排列次序是以耶穌在先呢？ (編者註：可參考中文《基督復臨安息日會基本信仰 27 條》23 頁第 4 段答案)

 試做看看

　　用紅、黃、藍色毛線或繩子相互交織成一條祈禱繩。把祈禱繩懸掛在你的房間裡，每天感謝上帝給你的大愛。

習作 1

 三一真神就是聖父、聖子、聖靈；但父、子、聖靈各有其獨特的角色和任務。請按課文內容敘述，或參考後面三課課文敘述，以不同顏色的筆將祂們各自的特色與名稱連起來：(編者注：答案僅提供參考，路線走法可以不同。)

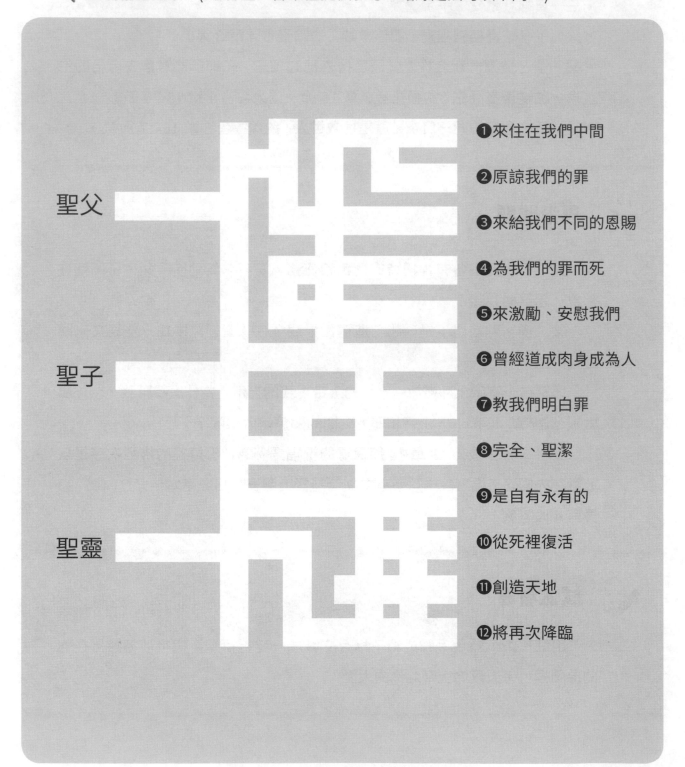

聖父

聖子

聖靈

❶來住在我們中間

❷原諒我們的罪

❸來給我們不同的恩賜

❹為我們的罪而死

❺來激勵、安慰我們

❻曾經道成肉身成為人

❼教我們明白罪

❽完全、聖潔

❾是自有永有的

❿從死裡復活

⓫創造天地

⓬將再次降臨

習作 2

利用下面三個「心形圖」，製作屬於你的「三一真神」酢醬草。

作法：

❶將 3 個圖形剪下來，正面分別寫上「聖父」、「聖子」、「聖靈」。另外在背面寫上三一真神各自的角色和任務。

❷在圖形下方打一小孔，用雙腳釘將 3 個圖形扣在一起。然後將葉柄剪下黏在背後，在葉柄正面寫上「三一真神」。

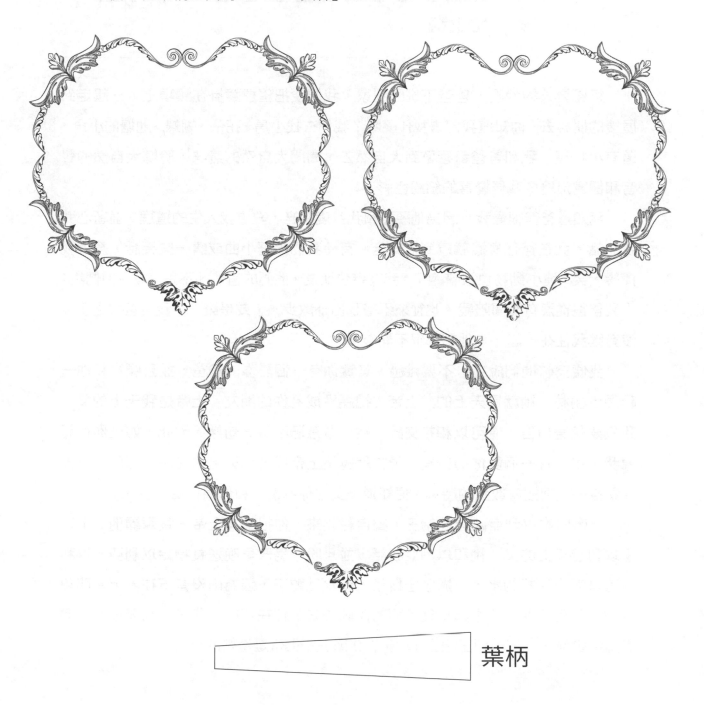

葉柄

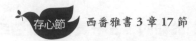

存心節 西番雅書 3 章 17 節

耶和華你的上帝是施行拯救，大有能力的主，祂在你中間必因你歡欣喜樂，默然愛你，且因你喜樂而歡呼。

第 3 條

我的爸爸真了不起

父上帝

　　每逢夏天的傍晚，爸爸下班回到家，我們便把望遠鏡掛在頸項上，一起走到屋後的樹林去。你知道我們去找什麼嗎？我們去找小鳥、花朵、蝴蝶、池塘的小魚，還有小松鼠。我和爸爸都喜歡到大自然去，聞聞大自然的氣味，聆聽大自然的聲音和觀賞沿途令我們驚喜的繽紛色彩。

　　我知道爸爸很愛我，因為他願意和我共度時光，教導我人生的道理，並留心聽我說話。我在爸爸身邊就感到很安全。有時我們哼著小曲或講一些笑話，惹得我捧腹大笑，連小動物也被嚇跑了。我有幾位朋友，他們的爸爸卻不是這樣。他們說：「我爸爸從沒有時間陪我，也從來不帶我出外散步。」或是說：「我爸爸搬走了，沒有跟我住在一起。」他們都很不開心。

　　我便安慰他們說：「不要難過，其實你有一個愛你的爸爸，並且願意和你一起漫步樹林。祂就是天上的父上帝，祂願意成為你的朋友。上帝是我天上的父。我只要藉著禱告，便可以和祂交談，祂會留意聽我每一句話。因此，如果你很想像我一樣，有一個愛你的爸爸，現在就邀請上帝成為你天上的父吧！那麼，以後你獨自一人到樹林散步的時候，便知道天父在你身邊，和你同行每一步。」

　　上帝吩咐以利亞離開亞哈王，獨自藏起來，他很高興上帝一直照顧他。上帝是以利亞天上的父，祂和以利亞談話，並且吩咐烏鴉早晚送食物給以利亞。以利亞可以喝小溪裡的水，「過了些日子，溪水就乾了，因為雨沒有下在地上。耶和華的話臨到他說：『你起身往西頓的撒勒法去，住在那裡。我已吩咐那裡的一個寡婦供養你。』」（列王紀上 17 章 7-9 節）。上帝是奇妙的天父。

本課要點

- 上帝是聖潔，完美無瑕的。祂從不會出錯，也不會犯罪（利未記 19 章 2 節）。

- 上帝就是愛。祂所做的一切都是為我們好，祂甘願捨去兒子耶穌為我們的罪而死（約翰福音 3 章 16 節）。

- 上帝是永恆的，從亙古到永遠（詩篇 90 篇 2 節）。

- 上帝是永不改變的。從前、現在和以後的日子，祂都是一樣（瑪拉基書 3 章 6 節）。

- 上帝是無處不在的。祂可以同時在兩個、五個 ... 甚至無數個地方存在。人不能躲藏在某一個地方，不被祂看見（耶利米書 23 章 24 節）。

- 上帝是信實的。祂在《聖經》中向我們許下了一千多個諾言（應許），並且照祂所承諾的去做（哥林多前書 1 章 9 節）。你能不能夠在以下的經文中找到上帝的諾言（應許）呢？約翰一書 1 章 9 節，腓立比書 4 章 19 節，約翰福音 14 章 2 節，羅馬書 8 章 28 節；詩篇 91 篇 14 節。

- 上帝是公義的。祂依照法則來判斷是非，因此祂必定是公平（申命記 32 章 4 節）。祂的法則要求我們要聖潔，但我們不都是聖潔的，祂就依照我們行為的後果，作公平的判決，這就是祂的公義了。

- 上帝是寬容、饒恕人的。即使人犯罪、不服從祂，祂還是滿有慈悲的。祂總是願意饒恕你，並且把你的罪除去（出埃及記 34 章 6-7 節）。

- 上帝是我們的創造主。祂創造了這個世界，讓你和我樂在其中。所有的動物、植物和整個宇宙都是愛我們的上帝送給我們的禮物。這個世界並非偶然出現的（創世記 1-2 章）。

思考問題

　　你能說出兩件發生在你身上的重大事件，表明上帝是愛你的天父嗎？上帝既然如此愛你，你會怎樣把這個好消息告訴同學和鄰居呢？

試做看看

　　畫一幅父子 / 父女的郊遊圖，畫中你拉著爸爸的手，一起穿過翠綠的森林或金黃的稻田。你若沒有爸爸，可以畫一幅天父和你的郊遊圖，你拉著祂的手，一同享受美好的大自然景色。

　　寫一首詩或幾句話來描寫愛你的父上帝，然後朗讀給家人和教會的朋友聽。

習作 1

你能從拼圖中找出隱藏的信息嗎？這信息告訴我們，在上帝眼中我們是何等重要。你只需將所有星期、月份刪除及重整詞語的次序，便能找到答案。(參看約翰壹書 3 章 1 節)

上帝給我的信息！

六月	慈愛	我們	不認識
是	未曾	星期二	我們
認識	星期一	祂	祂的
你	父	兒女	是
何等的	安息日		
也 稱為	因我們		
星期五	兒女	看	
使	得	七月	上帝的
世人	所以	真是	賜給 我們

信息

_____

_____

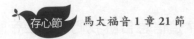

她將要生一個兒子。你要給祂起名叫耶穌。因祂要將自己的百姓從罪惡裡救出來。

第 **4** 條

來救我

子上帝

　　我聽到老遠傳來嗚嗚警號聲。過不久，一輛輛閃動著警報器和響起警笛的消防車便駛到我家的街道上。我立刻起床，走進爸爸媽媽的房間，慌忙地問道：「發生什麼事？為什麼外面燈光閃著不停？」

　　爸媽和我急忙跑到樓下，走到屋外的草坪上。眼前的情景令我們大吃一驚。鄰居的房子失火了！從窗口看見可怕的火焰在屋內若隱若現，一團團黑煙從破爛的前門玻璃窗冒出來。「伊莉莎白！」我放聲大叫，「快出來，快出來！」伊莉莎白是我的朋友。我一想到她仍然在火場時，就很緊張，雙手不停發抖，無奈地哭叫著：「你要馬上逃出來啊！」忽然，前面的大門打開了，我看見一名消防員叔叔，手抱著一件物體，從火場衝出來。伊莉莎白的爸爸和媽媽一直焦慮地站在火場附近等待消息，他們一看見他衝出來，便連忙跑過去，含著歡欣的淚水不住地哭著說：「謝謝你！謝謝你！」這時我才察覺到這位英勇的消防員叔叔剛才進入火場，把我的朋友救出來了。

　　我聽過有關耶穌的故事。祂成為嬰孩，由一位名叫馬利亞的年輕女子所生，祂來到世上是要把我們從罪惡中拯救出來。我曾想過，「天上的大君王當真為我的緣故，甘願成為無助的嬰孩嗎？」就在那天晚上，我終於明白到祂為我所做的一切。耶穌離開舒適安穩的天家，來到這個被罪惡烈焰燒得火光熊熊的世界中拯救世人。你能想像到祂在地上三年半時間裡，不住地為人類謀求幸福，治好有病的人，教導人認識上帝，但最後竟被人以罪犯的身分來對待嗎？祂為了我們而被釘死在十字架上。因此，每當我看到消防員趕到火場救人的時候，我就想起耶穌，以及祂為救我脫離罪惡所做的一切。

本課要點

- 耶穌確實是上帝，祂是聖潔的。祂另有一個名字叫「以馬內利」，意思是「上帝與我們同在」(馬太福音 1 章 23 節)。
- 耶穌成了一個人，並且住在我們中間 (約翰福音 1 章 14 節)。
- 耶穌是一個實實在在的人。祂「漸漸長大，強健起來，充滿智慧。」(路加福音 40 章 52 節)
- 就像所有人一樣，耶穌也會飢餓、口渴、疲倦和受試探 (馬太福音 4 章 2 節；約翰福音 19 章 28 節)。
- 耶穌在傳道的過程中，顯示出愛心、深切的關懷、義怒和悲傷 (馬太福音 9 章 36 節；馬可福音 3 章 5 節)。

 思考問題

　　耶穌若不被釘死在十字架上，是否還有其他方式可以救我們脫離罪惡？閱讀創世記 2 章 15-17 節及創世記第 3 章。討論罪如何影響我們今天的生活。

　　當耶穌在曠野被撒但試探，祂是怎樣贏得這場爭戰的？在你今天的生活中，你如何利用耶穌的方法與試探爭戰？找出兩節預言耶穌降生的《聖經》經文。

 試做看看

　　找一些有關消防局和消防員工作的資料。若可以的話，送感謝卡給消防員，感激他們為社區所做的事。你也可以告訴他們，耶穌基督拯救人的生命，就好像他們在火場裡救人一樣。

　　畫一幅耶穌被釘在十字架上的畫像，並把它掛在你的房間，讓它提醒你耶穌基督對你的愛。

習作 1

 請依照下列《聖經》章節的內容，將耶穌的生平事蹟以數字 1-7，按正確順序排列：

給我們不同的恩賜（馬可福音 1:9）

原諒我們的罪過（路加福音 2:52）

來住在我們中間（路加福音 2:7）

教我們明白罪（使徒行傳 1:9）

激勵、安慰我們（約翰福音 19:18）

曾經道成肉身，成為人（路加福音 24:6）

為我們的罪而死（馬太福音 4:23）

習作 2

 請利用下方的圖卡，寫一張卡片，表達你對耶穌的感謝。

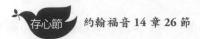

存心節　約翰福音 14 章 26 節

但保惠師，就是父因我的名所要差來的聖靈，祂要將一切的事，指教你們，並且要叫你們想起我對你們所說的一切話。

第 5 條

我最喜歡的輔導員
聖靈

「我真是沒用！總是打不出正確的繩結！」我把餘下的繩索扔在地上，很沮喪地說。

「來吧！吉米，不要放棄，」我的前鋒會輔導員克利夫安慰我。「我想我這次一定不能得到繩結榮譽證了，」我帶著灰心的語氣回答。

「不要那麼快下決定。開始學習新事物，一定會遇到困難的。幾年前當我要完成游泳榮譽課程時，也和你有同樣的感受。」克利夫微笑著用一隻手臂摟著我，給我鼓勵。

他對我說：「來，我教你用繩索玩些把戲，你喜歡嗎？」克利夫和我很快成為好朋友。每當我有問題，就會去找他。他每次總有合適的話語鼓勵我。他甚至讓我有機會脫穎而出，並且培訓我成為領袖。他的確在我的生命中有著奇妙的影響力！

他使我想到我還有一位奇妙的輔導員和安慰者，那就是聖靈。一天晚上，當我們在做家庭禮拜，閱讀關於聖靈的經文時，爸爸告訴我們，父、子、聖靈幫助我們生活得更美好，聖靈隨時會為我們解決困難。

當我們難過時，祂就安慰我們。當我們害怕時，祂就提醒我們，祂就在我們身邊。當我們做錯事時，聖靈就是那微小的聲音，叫我們感覺愧疚不安；當我們選擇服從時，祂就使我們喜樂。

聖靈讓我們知道應做什麼，可以把事情做得更好；祂還賜給我們不同的恩賜和才能，使我們能夠服務教會。聖靈可以作任何事，不受時間和地點的限制。

本課要點

- 《聖經》告訴我們，聖靈不是一股自然力量，而是有身分的。

- 聖靈確實是上帝，是「賜生命的聖靈」（羅馬書 8 章 2 節）、「真理的聖靈」（約翰福音 16 章 13 節）。

- 聖靈是我們的朋友和幫助者。祂會教導我們什麼是正確的事（約翰福音 14 章 16-17 節）。

- 聖靈會指教我們（路加福音 12 章 12 節），指出我們的罪（約翰福音 16 章 8 節），導引教會的工作（使徒行傳 13 章 2 節），並使我們成為聖潔（彼得前書 1 章 2 節）。

- 耶穌曾堅決地說：「人一切的罪，和褻瀆的話，都可得赦免。惟獨褻瀆聖靈，總不得赦免。」（馬太福音 12 章 31 節）

 思考問題

閱讀使徒行傳第二章。聖靈在五旬節賜給門徒什麼能力？人們今天仍能領受這種能力嗎？

聖靈如何幫助人們戒除吸煙或吸毒的壞習慣呢？

在一次佈道大會中，你受了感動，願意接受耶穌基督為個人的救主，你認為這是聖靈的工作嗎？

 試做看看

拿出一本小記事本，把聖靈感動你的兩、三個生活例子列舉出來，例如：祂感動你對你自己所做的事情難過，或者你聽見微小的聲音，告訴你停止做那些對人有害的事情或教導你作更好的選擇。然後與一個朋友分享這些例子。

習作 1

連連看：
請依數字順序將下列圖案連起來連完後著色，請在解答空格寫下動物名稱，牠象徵聖靈。

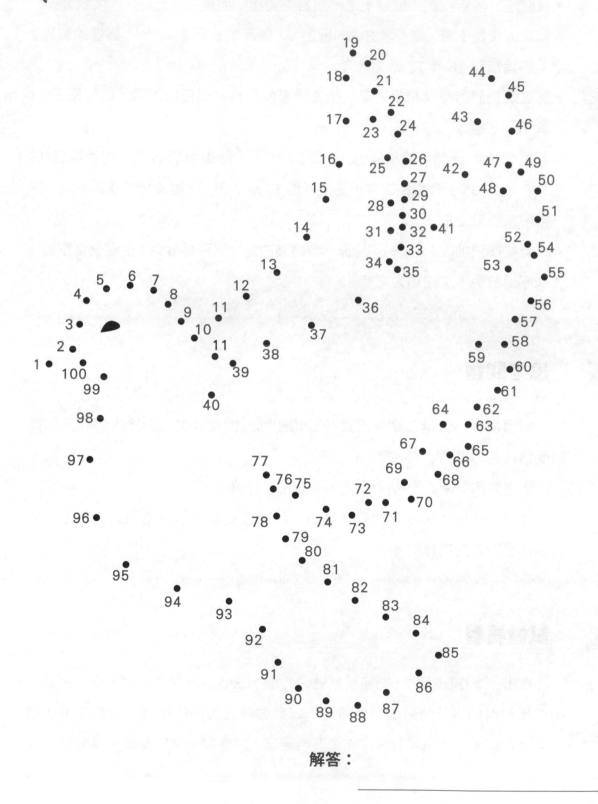

解答：

習作 2

在舊約時期，上帝曾經差遣聖靈幫助有特別任務的人。請閱讀下列經文，並寫出接受聖靈幫助的《聖經》人物名字。

❶ 創世記 41：38

他為埃及法老解夢並提出警告。

_____

❷ 出埃及記 31：2-4

他利用金、銀、銅等製作美麗的器皿。

_____

❸ 士師記 6：34

他是一位領導以色列的士師。

_____

❹ 但以理書 4：8

他為巴比倫王解夢並提出警告。

_____

❺ 撒母耳記下 23：1-2

他是以色列的王，寫過許多美麗的詩歌。

_____

25

存心節　創世記 1 章 1 節

起初上帝創造天地。

莎莉姑姑的植物

創造

參觀莎莉姑姑的後院就像參觀國家公園一樣，讓我們有完全融入大自然的感覺。這裡有玫瑰花園和磚塊鋪成的小路，把你帶到清澈的小池塘，鳥語花香，還有蝴蝶在花叢中跳舞，真是美極了。如果她開放後院供人參觀，一定可以成為百萬富翁！

每當我們離開的時候，莎莉姑姑總是讓我們兩手抱滿植物。「這些都是上帝送給我們的禮物。」她總是這樣說。牧師講到地球的創造時跟莎莉姑姑說的一樣。牧師說：「造物主創造了這個世界，把它當作禮物送給亞當和夏娃，且為他們預備了一個花園。」造物主預備的花園比莎莉姑姑的後院可漂亮多了。

有些人堅決認為，這個世界和其中所有的，包括你、我、動物、植物，甚至整個宇宙，都是偶然出現的 …… 都是意外。他們說，這個世界的一切都是碰巧發生的，或是經過漫長的時間進化而來。

我不同意這些自以為聰明的人的說法，但我相信莎莉姑姑和牧師的話是正確的。《聖經》說，上帝在六日裡創造了一切。上帝說有就有，命立就立，只說一句話，就有了馬，有了玫瑰，還有天上的星星等等，後來祂還用地上的塵土造人，並將生命的氣息吹進人的鼻孔裡，人就成了有靈的活人。我不願把自己的存在看作是一個意外，卻願望自己是上帝一件愛的禮物，就像莎莉姑姑所說的。

《聖經》創世記的記載已寫得很清楚。上帝用六日創造了萬物，到第七日，造物的工已經完畢就休息了。當上帝完成了創造大工，環顧所創造的一切：花草樹木、動物、海洋、山嶽，還有亞當和夏娃，便滿意地說，「這一切都甚好！」

本課要點

- 起初地球是空虛混沌和黑暗的。創世記第 1-2 章告訴我們，上帝創造了天地。
- 諸天藉耶和華的命而造，萬象藉祂口中的氣而成（詩篇 33 篇 6 節）。
- 上帝用六日創造天地萬物，到第七日便休息了（創世記 2 章 1 節）。
- 《聖經》說有晚上，有早晨是一日，就是二十四小時。「日」在希伯來文是「yom」，當「yom」與一個確定的阿拉伯數字連用時，它的意思就是確確實實的一日，24 小時（創世記 7 章 11 節；出埃及記 16 章 1 節）。
- 上帝創造我們是因為祂愛我們（約翰壹書 4 章 8 節），想和我們分享祂的一切。
- 上帝的創造顯示了祂是一個非常細心的設計師。在創造亞當和夏娃以前，祂先為他們預備了美麗的家園。祂創造人類，是為了建立一種神與人之間親密的關係。

思考問題

為什麼《聖經》中的創造論要比科學課本中的進化論更說得通？

我們周圍有什麼東西，說明上帝創造了這個世界？

為什麼一週的第七日——安息日，對我們是非常重要的？我可以用星期日或星期一來代替嗎？

試做看看

當天氣宜人的時候，試試在帳篷裡住一兩天。你可多邀請幾個好朋友一起參與。告訴他們上帝是如何創造了這個世界並把它當作禮物送給人類享用；大家一起朗讀一本關於如何保護和節約使用地球天然資源的書，以便知道怎樣生活得更健康更快樂。

邀請幾個朋友跟你一起觀看夜空裡的星星。用《聖經》和關於星座的書，觀察星星的分佈位置。談論上帝榮耀的奇妙創造，並為此感謝上帝。

習作 1

 請按著上帝創造天地次序的提示走出迷宮。

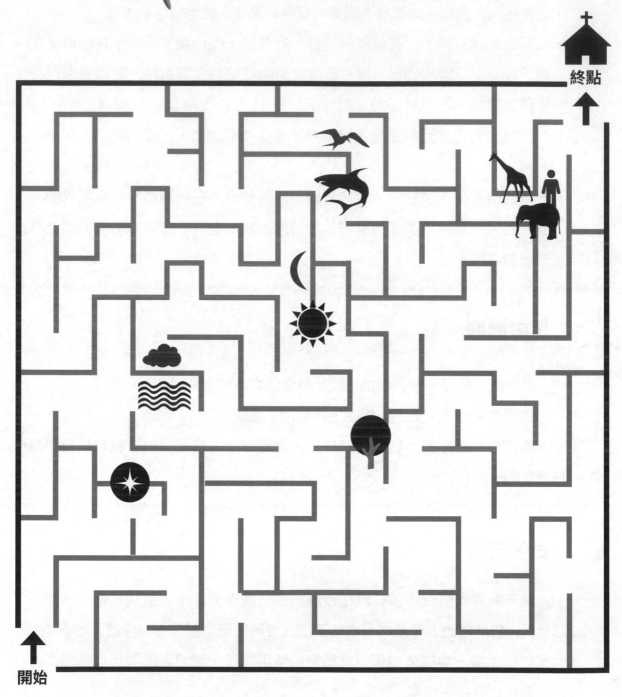

習作 2

 請依照上帝從第一日到第七日每天的創造，按創造的事物填入字詞或畫小圖表示。

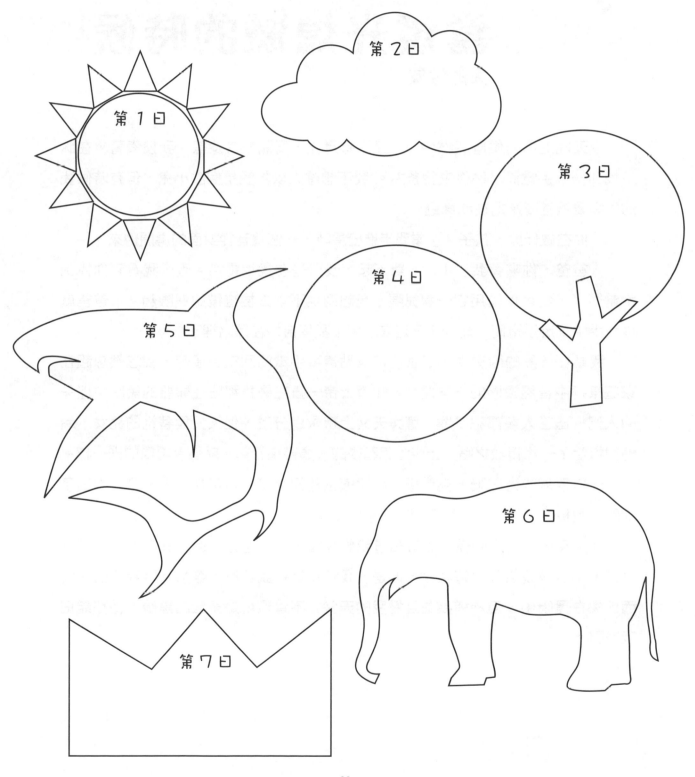

第1日

第2日

第3日

第4日

第5日

第6日

第7日

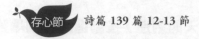

存心節　詩篇 139 篇 12-13 節

黑暗也不能遮蔽我使祢不見，黑夜卻如白晝發亮。黑暗和光明，在祢看都是一樣。

第 7 條

當燈光熄滅的時候
人的性質

今天晚上電力供應突然中斷，又沒有月光，周圍一片漆黑。我摸索著，在牀下找到一個手電筒，然後去找爸媽。我不想讓人以為我是個膽小鬼，但有時候我的確需要爸爸或媽媽在我身邊。

「你在做什麼，孩子？」當我走進廚房時，一個聲音從對面的房間傳來。

「爸爸，你嚇著我了！」「對不起，我只是在找手電筒。哦，我看到你找到手電筒了，我可以借用它一會兒嗎？我想到地下室去檢查電線保險箱。」爸爸就從我手中拿走手電筒，朝地下室走去，留下我獨自站在黑暗裡。

我站在漆黑的廚房中，等著爸爸快點帶著手電筒回來。這時，我忽然想起在家庭崇拜中曾經讀過的一些經文，知道上帝一直在尋找那些在罪惡的黑暗中迷失的人們。儘管人類都犯了罪，應與天父上帝永遠分離，但天父愛著祂的兒女，給他們指明了一條得救之路。上帝給犯罪後的人類帶來希望，就像手電筒的光一樣。

一道耀眼的光在牆上晃動著，我知道爸爸回來了。爸爸說：「不是電線出了問題，我相信是停電了，我們要在黑暗中度過了。」

我回應道：「沒關係，上帝知道我們在哪裡！」爸爸一邊打著呵欠，一邊點點頭，不清楚我為什麼這樣說，但是，我知道我在說什麼。雖然有時我會因過犯而迷失在黑暗中，但創造我並且愛我的天父，不管環境是多麼的黑暗，祂都能把我尋回。

本課要點

- 男人和女人都是按照上帝的形象被造的，他們都有自由和能力去思考和做事（創世記1章26-27節）。

- 上帝造男人和女人，是要與我們建立「關係」。上帝說：「……那人獨居不好」（創世記2章18節）。

- 上帝造男人和女人，是為了要他們成為保護環境的好管家（創世記1章26節）。上帝給亞當責任，要他殷勤管理這個地球，使地球成為適合每一個人居住的地方。

- 當人類第一對父母亞當和夏娃不順從上帝的話，他們就永遠與上帝隔絕了。他們感到羞愧，因不順從上帝而有罪，罪的工價就是死（創世記第3章）。

- 亞當和夏娃的後代天生都是軟弱，傾向邪惡和違背上帝的律法（創世記4章8、23節；6章1-5節、11-13節）。

- 耶穌基督代替我們受了罪的刑罰而死。

思考問題

你身體哪一部分表明你被造奇妙？這說明了創造主的什麼特性？

嬰孩天生有罪嗎？或是他們還不懂事，就沒有罪呢？

我們都是按照上帝的形象被造的。我們如何在家庭、學校和社區裡反照祂的形象，顯現祂的榮耀呢？

試做看看

參觀某地的洞穴或地下室，體驗裡面的黑暗。站在那裡大聲朗讀本課的存心節。

寫下一個你掙扎著要改掉卻一直不能改的壞習慣，然後祈求聖靈幫助你改正。

習作 1

 請仔細看下列各圖，屬於「愛」帶來的影響請在括弧內畫 O，若是屬於「罪惡」的影響請畫 X。

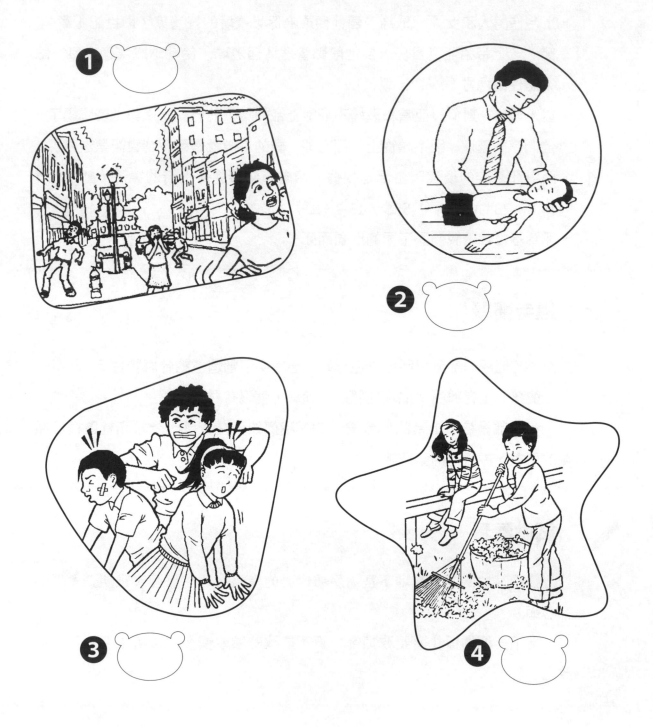

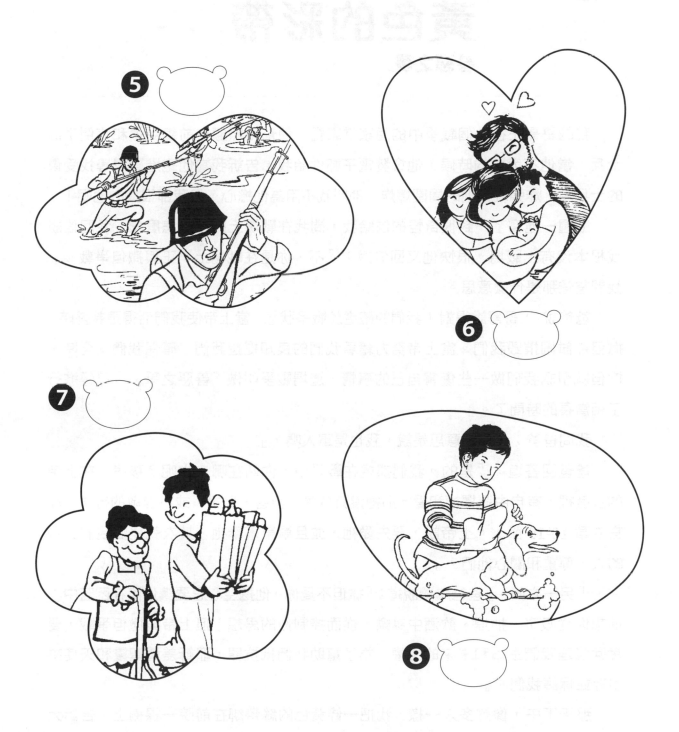

第 8 條

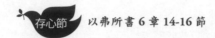
存心節　以弗所書 6 章 14-16 節

所以要站穩了，用真理當作帶子束腰，用公義當作護心鏡遮胸。又用平安的福音，當作預備走路的鞋穿在腳上，此外又拿著信德當作籐牌，可以滅盡那惡者一切的火箭。

黃色的彩帶
善惡之爭

　　我的哥哥正在一個戰爭中的國家當軍醫，他幫忙照顧在前線受傷和病倒了的士兵。當他不太忙的時候，他會發電子郵件給我，告訴我當他跑進戰場尋找受傷的士兵時，炸彈就在他的周圍爆炸。他叫我不用為他擔心，但我卻很擔心他呢！

　　上週一他寫了一封很奇怪的信給我，問我在戰場上的情況怎麼樣。我回信說我根本沒有上戰場。很快他又回信說：「不，你是在戰場上，正與撒但爭戰。」我問爸爸那是什麼意思。

　　爸爸說：「哥哥說得對！我們的確處於戰爭狀態。當上帝使我們活得更豐盛時，撒但卻試圖摧毀我們。當上帝努力藉著我們的良知提醒我們，確保我們安全時，撒但就引誘我們做一些傷害自己的事情，這場戰爭叫做『善惡之爭』，已經進行了相當長的時間了。」

　　我問爸爸：「你的意思是說，我也是軍人嗎？」

　　爸爸回答道：「是的。我們都處在戰爭中，你站在哪一方呢？孩子，在上帝的國度裡，有自由選擇權和愛。那裡沒有欺騙、傷害、撒謊，或不尊敬的行為（箴言 6 章 16-19 節）。上帝說，要先愛祂，並且單單事奉祂，其次就是愛我們身邊的人，尊重和關心他們。」

　　「另一方面，」爸爸繼續說道：「撒但不愛你，他挖空心思要讓你陷在困苦中！他想你從吸毒、抽煙、飲酒中尋樂，從而控制你的思想。但上帝與撒但爭戰，要奪回管理我們生命和未來的主權。為了幫助我們抵抗罪，耶穌差遣聖靈和天使來引導並保護我們。」

　　那天下午，像許多人一樣，我把一條黃色的絲帶綁在前院一棵樹上，告訴大

家，我的哥哥正為國家服務。然後我又在絲帶下面綁了一條黃色絲帶。我想告訴人們，我也是上帝軍隊裡的一名戰士，與撒但在善惡鬥爭中爭戰。哥哥和我都為我們能獻身服務而感到自豪。

本課要點

- 撒但帶領三分之一的天使反抗上帝，因為他企圖使自己超越上帝的地位（以賽亞書 14 章 12-14 節）。
- 當撒但引誘亞當和夏娃犯罪時，他就把叛逆的精神帶進了這個世界（創世記 3 章）。
- 這場大爭戰影響到世界上的每一個人。撒但試圖使我們犯罪和違背上帝的旨意（以弗所書 6 章 12 節）。
- 藉耶穌為我們的罪而被釘死在十字架上，上帝的公義和良善終於向整個宇宙顯明（羅馬書 3 章 25- 26 節）。

思考問題

你在學校、在家、在教堂可以做些什麼事情來抵抗撒但的試探呢？

你能從《聖經》中找出 3 至 4 節經文來幫助你戰勝撒但的試探嗎？

試做看看

寫一封感謝信給你所認識一位警察或軍人，告訴他／她，你為他／她的奉獻精神感到驕傲，並解釋你也要面對一場屬靈的戰爭。若這位警察或軍人的家人住在你家附近，邀請他們到你的教會。

習作 1

 上帝提供我們一套特別的軍裝以抵擋撒但。**在以弗所書 6 章 11 至 17 節中尋找並寫出基督精兵軍裝的不同配件名稱。**

● 什麼是基督徒的「秘密」武器？
（以弗所書 6 章 18 節）

_____

存心節 帖撒羅尼迦前書 4 章 16-17 節

因為主必親自從天降臨，有呼叫的聲音，和天使長的聲音，又有上帝的號吹響。那在基督裡死了的人必先復活。以後我們這活著還存留的人，必和他們一同被提到雲裡，在空中與主相遇。這樣，我們就要和主永遠同在。

 第 **9** 條

復活的盼望
基督的生、死與復活

有一個地方是我最不想去的，不是因為我害怕，而是那裡令我想起悲傷的往事。

去年，我的表妹艾麗西亞去世，當時，我感到失落惘然，不知如何是好。我沒心情上學、踢足球，心中只懷念著她，因為我們不僅是表兄妹，而且是最好的朋友。

葬禮之後的某一天，我坐在教堂裡，儘量控制著自己悲傷的心情。牧師按照慣例，正在講一篇有關復活節的證道。每年他所講的內容都沒有什麼特別，但是這次，也只有這一次，我是用心去聽。他提到耶穌為我們的罪而被釘在十字架上，後來被安放在墳墓裡。我心想：「我深切體會到當時門徒們的感受。他們也是失落惘然，不知如何是好。」

接下來，牧師講了一句令我印象深刻的話。他說耶穌三天後復活，因此，那些愛祂的人雖然死了，但有一天他們都會醒過來，與耶穌一起進入天國，永遠跟祂同在。艾麗西亞是愛主耶穌的，她一定會醒過來！

之前我很不喜歡到艾麗西亞的墓地，雖然我知道她正安靜地等待主耶穌復臨。現在，當我再次來到她的墓碑前，我的心中充滿盼望，因為主耶穌的死，艾麗西亞和我都有復活的盼望。相信你們還記得拿因城那個寡婦，她兒子去世了，她心痛如刀割（路加福音 7 章 11-17 節）。她已經失去了丈夫，現在又失去了唯一的兒子，可想而知，她的心是多麼悲傷，對她來說，一切都絕望了。可是，當她在城門口遇見耶穌的時候，耶穌使她的兒子復活了。

耶穌使她的人生重燃希望。使徒保羅和約翰也去世多年，但他們都是安靜地在墳墓裡等候主耶穌的復臨。對於將來要復活的保羅和約翰來說，那該是何等激動人心的時刻啊！在那特別的日子，和我們的朋友耶穌相會，豈不是一件令人振奮的事嗎？

本課要點

- 上帝讓祂的兒子主耶穌基督死在十字架上，擔當了我們的罪，這樣我們就不必為我們的罪而死 (約翰福音 3 章 16 節；羅馬書 3 章 25 節)。
- 主耶穌在十字架上的死，叫世人與上帝和好，不再將我們的過犯歸到我們身上 (哥林多後書 5 章 19 節)。
- 相信並接受主耶穌基督為救主的人，有永遠的生命 (約翰福音 3 章 16-18 節)
- 主耶穌的復活，使我們確信祂已經勝過罪，並應許我們得永生 (哥林多前書 15 章 12-21 節)。

思考問題

　　那些未認識耶穌而死了的人，當主耶穌再來的時候，他們會復活嗎？

　　如果你的朋友對你說：「我的媽媽得癌症死了，我不知道要怎樣活下去？」，你會說什麼來安慰他呢？

　　保羅說：「若基督沒有復活，我們所傳的便是枉然，你們所信的也是枉然。」這句話是什麼意思呢？請仔細閱讀哥林多前書 15 章 14、17 節，跟安息日學的朋友分享你的讀後感。

　　你會用怎樣的方式，跟那些從來沒有聽過耶穌的同學分享福音呢？

試做看看

　　製造一些慰問卡，上面畫有主耶穌駕雲降臨的景象，並寫上與基督復臨有關的《聖經》章節，預備送給有親人去世的朋友，讓他們能夠和你有同一盼望。

　　寫一首詩或者一首歌曲，描述你將來和已故親人重聚的美麗日子。

習作 1

 把本頁與下一頁關於耶穌生平的各樣事件按順序填上數字。

耶穌在約瑟的木匠店
_____工作。

_____耶穌升上天上。

耶穌在客西馬尼被逮
_____捕。

耶穌在猶太和加利利
_____教導、講道和醫治。

耶穌在約旦河受施洗
約翰的洗。

_____ 耶穌在伯利恆出生。

_____ 耶穌呼召祂的門徒。

耶穌因我們的罪而死
_____ 在十字架上。

耶穌在死後第三天
_____ 復活。

耶穌在祂十二歲那年
參加祂人生第一次逾
越節的聚會,祂更清
_____ 楚自己的使命了。

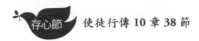

祂周流四方行善事，醫好凡被魔鬼壓制的人。
因為上帝與祂同在。

第 10 條

由內而外的康復

得救的經驗

昨天，我對媽媽說：「媽媽，我不舒服。」其實我不想生病，因為我不喜歡吃藥。但生病就一定要吃藥，我只好苦著臉吞下去。

晚上，爸爸來房間看我。我看來很憔悴，爸爸關切的問道：「好點了嗎？」我回應道：「我自己也不知道是生病感到不舒服，還是吃藥感到不舒服。」爸爸笑著說：「嗯，這就是關鍵所在。把體內的病菌清除，身體會更快康復。醫生若用藥正確，便能治療你的病。雖然藥的味道不好，但可以使你痊癒，繼續上學、玩遊戲和做那些你感興趣的事情。」他講完之後好像若有所思。從他的表情來看，他是悟出了一個屬靈的教訓。他離開時，還對我說：「這好像罪的情況，你試思考一下。」

好吧！我既然生病，睡在牀上，什麼事情都不能做，就讓我思考爸爸當時所想的是什麼吧！假設罪就是使人生病的病菌，我作這樣的假設都是合理的，罪確能摧毀人的生命。我們讓耶穌進入內心就像是吃藥一樣。有時候耶穌要你做一些你不願意的事，例如：向別人道歉，受責罰，或者改掉壞習慣等等，做這些事就像吃藥一樣難受。啊，我終於明白了！爸爸說得對！耶穌把罪的病毒從我們心裡清除，使我們有豐盛的人生。

這時，媽媽端著藥瓶和湯匙走進來。這次我不發一言，把藥水喝了。不久之後，我就康復了。

相信你們還記得稅吏撒該。他平時向人們徵收各項稅收，其實他對自己多收納稅人的錢感到內疚。他想，或許耶穌可以幫助他擺脫這種感覺。有一天，撒該知道耶穌要經過耶利哥城，於是他找了一個好位置，爬上一棵樹，來看耶穌。當耶穌經過的時候，便請他從樹上下來，因為耶穌要住在他家。當撒該請求耶穌赦

免他的過犯，並願意用四倍賠償給那些被他訛詐的人時，耶穌說：「今天救恩到了這家。」（路加福音 19 章 9 節）。撒該感到多麼快樂啊！當耶穌赦免了他的罪過，並賜給他救恩的時候，他感覺到了一種由內而外的康復。

本課要點

- 選擇不服從上帝就是罪，罪的結果就是死亡（羅馬書 6 章 23 節）。
- 當我打開心門，接受耶穌進入我裡面時，祂改變了我的生命，使我成為上帝的兒女，並在天國裡永遠與祂同住（約翰福音 15 章 5 節）。
- 我們每個人都可以收到上帝的禮物，那就是祂的愛。禮物是白白送給我們的東西，不用錢去買，也不用勞力去獲取；它不是工價。本來你是不配得的，但只要你相信耶穌為你的罪過而被釘死在十字架上，你就能得到這份永生的禮物（羅馬書 5 章 15-17 節）。

思考問題

當你做錯事的時候，你怎樣才能聽到聖靈向你說話呢？

既然罪的後果就是死，為什麼人們還是不願意接受耶穌賜給他們的永生，在天國與祂在一起呢？

試做看看

你是否有朋友或親人生病了？打電話給他們，或者寫一封信關心和問候他們（一般來說，他們聽到你的問候都會感到安慰），然後為他們早日康復獻上禱告。不住地禱告，直到他們痊癒。感謝上帝的醫治大能。

寫一些關於被耶穌拯救而感到快樂的詩歌或故事。

習作 1

 細閱以下的句子，依課文敍述，將對的數字方格填上紅色，不對的方格填上黑色。

❶ 有些人是好人，他們不應該永遠滅亡。

❷ 我們所有人都犯了罪，所以我們應該死亡。

❸ 代替其他人接受罪的刑罰而死，其他人便能得救。

❹ 唯一能夠代替我們接受罪的刑罰而死的，只有耶穌。

❺ 耶穌從死裡復活。

❻ 因為耶穌的死，我們的罪得到寬恕。

❼ 我們不需要求上帝的饒恕。

❽ 上帝接受我們為祂的兒女。

❾ 上帝只會拯救世界上某一些人。

❿ 因為耶穌為我們的罪死了，我們不須再謹慎自己的行為。

⓫ 當我們成為上帝的兒女後，我們會希望更像祂。

⓬ 我們得救是因為我們的好行為。

⓭ 沒有人能得救，因為沒有人是完美。

⓮ 耶穌再次回來，是為了帶我們回天家，和祂永遠同在。

⓯ 撒但會悔改，並永遠住在天國裡。

你知道耶穌愛你嗎？

1	2	3
4	5	6
7	8	9
10	11	12
13	14	15

我知道，我也愛祂！

存心節　腓立比書 3 章 21 節

祂要按著那能叫萬有歸服自己的大能，將我們這卑賤的
身體改變形狀，和祂自己榮耀的身體相似。

爸爸的微笑
在基督裡成長

大家都說我像爸爸，包括我的姑姑、叔叔、祖父、祖母，甚至是雜貨店裡不認識我們的人都這樣說。每當我跟爸爸去雜貨店買東西的時候，他們都會走上前來，盯著我們父子倆，好像看外星人一樣。然後他們就會指著我，對爸爸說，「他太像你了！」

爸爸通常都是笑著回答說：「是的，他的確很像我，我的寶貝兒子。」然後我們就去買東西。

我真的很像我的爸爸，我們的鼻子長得很像，眼睛也很像，特別是臉型，更是非常相似。我們的頭髮是深棕色的，並且我們都有尖尖的下巴。

跟爸爸長得相似的確很有趣，因為我的一些朋友還不知道自己將來長大了會像誰，但是我知道。爸爸經常做一件事，使我感到很高興自己像他。那就是他總是對每個人微笑，包括那些在超市停車場內收手推車的人、銀行的女職員、在學校十字路口指揮交通的警察、修理汽車的工人，還有那個嚴肅莊重的古董店老闆娘。即使我跟朋友們很吵鬧，或者弄壞一些東西的時候，爸爸仍然對著我們微笑。我的朋友都說我的爸爸真是與眾不同。

當我失敗或者做錯事時，爸爸也不會表示不滿。當我被罪惡引誘，做一些壞事時，他總是耐心的勸誡我、鼓勵我、為我禱告，幫助我堅強起來，重新做出正確的選擇。

牧師說過，當耶穌居住在我們心裡的時候，人們就能看出來，因為我們像耶穌那樣仁愛。他說，人看見我們就是看見耶穌了。啊，太好了！現在我跟兩個人很相似。想到這裡，我的臉便常掛著微笑。

本課要點

- 為了在耶穌裡成長，我們需要每天安排特定的時間向祂禱告，跟祂交談。禱告就是跟耶穌像朋友一樣談話。我們希望跟耶穌分享我們的喜樂、悲傷，還有掙扎；求祂賜給我們力量，幫助我們像祂一樣生活（以弗所書 6 章 18 節，帖撒羅尼迦前書 5 章 17 節）。
- 研讀上帝的話語、安息日學學課和每天默想上帝，能幫助我們變得更像耶穌。我們如此做，也會給我們力量戰勝罪惡的權勢和生活中的引誘（詩篇 119 章 112 節；希伯來書 4 章 12 節；提摩太後書 3 章 16、17 節）。

思考問題

　　植物需要什麼才能成長呢？跟我們在耶穌裡成長有什麼相似呢？使徒保羅是怎樣在耶穌裡成長的呢？從新約使徒行傳和保羅所寫的其他書信中，找出有哪些是保羅曾做過的事情，幫助他在耶穌裡成長的（舉例：使徒行傳第 9 章 1-28 節；16 章 25-34 節；羅馬書 12 章；以弗所書 4-6 章等等）。

　　在你的生活中，耶穌怎樣幫助你戰勝試探和罪惡的權勢？閱讀馬太福音 4 章 1-11 節。

試做看看

　　閱讀耶穌的生平故事，然後學習用耶穌的愛和關懷對待其他人，別忘了帶著微笑去做。

　　在你的禱告記事本上，寫下你要為他們禱告的人的名字及他們所遇到的困難，然後告訴他們你為他們禱告。

習作 1

從我出生到現在，如果沒有上帝的保護，和家人的關愛與幫助，我就無法健康、快樂地長大。試想想，從小到現在上帝透過家人帶給我哪些幫助呢？（請在空格中依主題畫出或寫出例子，範例僅供參考。）

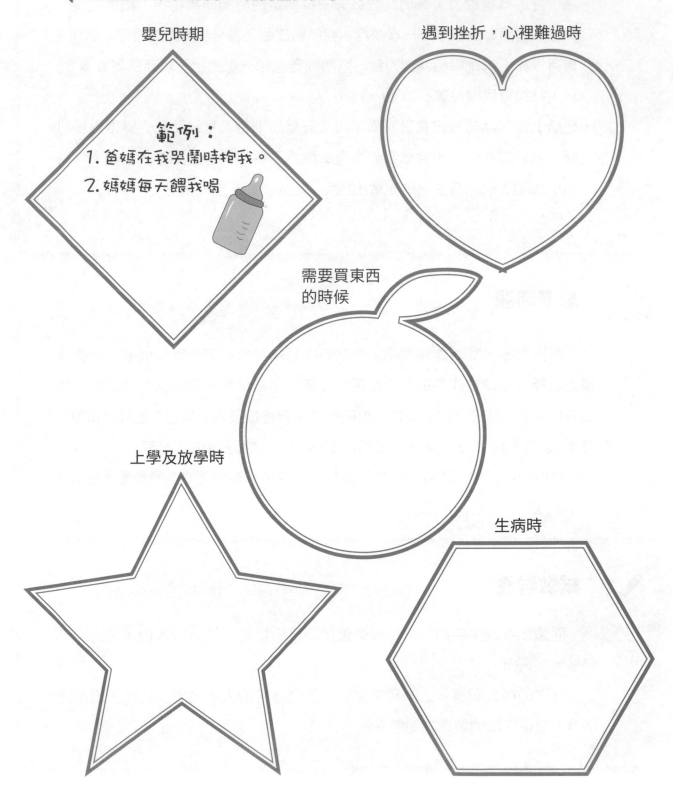

嬰兒時期

遇到挫折，心裡難過時

範例：
1. 爸媽在我哭鬧時抱我。
2. 媽媽每天餵我喝

需要買東西的時候

上學及放學時

生病時

存心節　加拉太書 3 章 26-28 節

所以你們因信基督耶穌，都是上帝的兒子。你們受洗歸入基督的，都是披戴基督了。並不分猶太人、希利尼人、自主的、為奴的、或男或女。因為你們在基督耶穌裡都成為一了。

第12條
合一的大家庭
教會

我房間的牆上掛了一張照片，它提醒我一件重要的事。這張照片是我在上一次家族團聚日時，和我的大家族成員一起合照的。

我很喜歡和親戚們團聚！因為我可以再見到整年都沒見面的表兄弟姊妹、叔叔、和祖父祖母。就像爸爸所說，他們有的長高了，有的樣子老了。

照片中有馬特叔叔，他個子矮小，每次拍照都是站在前排，而個子高大的西維亞阿姨總是站在後排。蘭迪表弟的表情，好像告訴別人，他剛把毛蟲吞進肚子的樣子（他可能真的這樣做），而提夫妮表姐的表情，就像告訴你，她剛跟她的男友分手了（可能他們真的分手了），還有馬蒂姨母和莊克舅舅，聽媽媽說，二十年來，他們兩人都經常吵來吵去。

我們當中，有些人的頭髮是黑色的，有些是棕色的。而撒蒂表姐的頭髮卻是奇怪的橘色，但她不喜歡別人談論她的頭髮顏色。我的家族成員中，有一位醫生，有一位卡車司機，有一位會計員，其餘的包括我在內都是學生。我們真是一個大家族啊！

這一切使我想起了什麼呢？我的教會！在教會裡有各色各樣的人，有個子高的、個子矮的、有男、有女、有成年人、小孩子、警察、老闆，還有飛行員等等。我們都相信耶穌是我們的救主。我們都喜歡參加崇拜聚會、團契活動、研究上帝的話，和將耶穌的福音告訴別人。每逢安息日，我們都和不同的人團聚在一起，就好像一個合一的大家庭一樣。我們都有一位共同的父親，你猜祂是誰？

本課要點

- 《聖經》中「教會」一詞是從希臘語 ekklesia 翻譯過來的，意思是「被召出來」，指一群被召出來的人聚在一起的意思。

- 《新約聖經》稱以下的情況為「教會」：Ⓐ 信徒們在一個特定地方聚集、崇拜（哥林多前書 11 章 18 節；14 章 19，28 節）。Ⓑ 信徒們在一個特定地方生活（哥林多前書 16 章 1 節；加拉太書 1 章 2 節）。Ⓒ 一群信徒在一個人的家中聚會（哥林多前書 16 章 19 節；歌羅西書 4 章 15 節）。Ⓓ 某一個地理區域中的會眾（使徒行傳 9 章 31 節）。Ⓔ 全世界的信徒（馬太福音 16 章 18 節；哥林多前書 10 章 32 節；以弗所書 4 章 11-16 節）。

- 教會是上帝的家，我們都是祂的兒女，同屬於這個群體。耶穌就是這個群體的頭（歌羅西書 1 章 18 節），教會的頭（以弗所書 5 章 23 節）。

- 在教會中我們都是平等的。我們彼此相愛，彼此代禱（約翰福音 13 章 35 節；雅各書 5 章 16 節）。

 思考問題

　　仔細閱讀加拉太書 3 章 27-29 節。保羅說，在耶穌基督裡「不分猶太人，希利尼人 (即希臘人)」，這句話是什麼意思呢？

　　你可以嘗試跟不同國籍和膚色的人交朋友，你能做到嗎？

 試做看看

　　為你的教會設計一棵「家譜」樹圖案。收集所有教友的照片，把他們的照片貼在這一棵「家譜」樹上。確認把所有人的照片，包括不同職業和國籍的人都放在上面。

　　在安息日學班上，如有不同種族的學員，你可以寫一張友誼卡給他 / 她，以表示你對他 / 她的善意或稱讚。

習作 1

我的教會是一個大家庭——

我的教會是＿＿＿＿＿＿＿＿＿＿＿＿＿＿＿＿＿＿＿＿＿教會。

負責教會的堂主任是＿＿＿＿＿＿＿＿＿＿＿＿＿＿＿＿＿＿牧師／教士。

我的教會裡有各色各樣的人，請選擇幾位你較熟識的人，將他們的照片和介紹列在下面：

貼照片

他／她是：
＿＿＿＿＿＿＿＿＿＿＿＿＿＿＿＿＿＿＿＿＿
＿＿＿＿＿＿＿＿＿＿＿＿＿＿＿＿＿＿＿＿＿
＿＿＿＿＿＿＿＿＿＿＿＿＿＿＿＿＿＿＿＿＿
＿＿＿＿＿＿＿＿＿＿＿＿＿＿＿＿＿＿＿＿＿

貼照片

他／她是：
＿＿＿＿＿＿＿＿＿＿＿＿＿＿＿＿＿＿＿＿＿
＿＿＿＿＿＿＿＿＿＿＿＿＿＿＿＿＿＿＿＿＿
＿＿＿＿＿＿＿＿＿＿＿＿＿＿＿＿＿＿＿＿＿
＿＿＿＿＿＿＿＿＿＿＿＿＿＿＿＿＿＿＿＿＿

貼照片

他／她是：
＿＿＿＿＿＿＿＿＿＿＿＿＿＿＿＿＿＿＿＿＿
＿＿＿＿＿＿＿＿＿＿＿＿＿＿＿＿＿＿＿＿＿
＿＿＿＿＿＿＿＿＿＿＿＿＿＿＿＿＿＿＿＿＿
＿＿＿＿＿＿＿＿＿＿＿＿＿＿＿＿＿＿＿＿＿

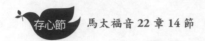

存心節　馬太福音 22 章 14 節

這天國的福音，要傳遍天下，對萬民作見證，
然後末期才來到。

第 **13** 條

我們的默契
餘民及其使命

有時候，學校裡的人會令我不開心。我不是指學校的老師，他們對我們都很不錯，我所說的是某些同學的舉動。

一個星期三下午，我如往常到學校的食堂吃午飯。突然兩個高年級的大個子學生走過來，搶走我的飯盒。每逢星期三，媽媽都會在我的飯盒中，多加一件我最愛吃的甜品，可是現在，卻被他們搶走了。

我再三考慮之後，便去找兩個最好的朋友錢德和賽米，他們都曾被人欺負過。我們三人便靜靜地組織起來，稱自己是 ... 嗯 ... 名稱要保密。

我們只有一個規則，就是無論別人怎樣對我們，我們都不生氣、抱怨、或者沮喪。我們會停下正在做的事情，為那個人禱告。因為錢德和賽米也被人欺負過，所以我們都覺得大家是志同道合的人。

當我把這事告訴爸爸的時候，他笑著說：「你們應該稱自己為『餘民』，因為當耶穌再來的時候，祂所召集的就是這樣的人：無論發生什麼事情，都不會發脾氣、不老是抱怨或沮喪，並且還能在受到傷害的時候，原諒和為傷害他們的人禱告。《聖經》上說這樣的人只有很少數目，但他們當中每個人都能進入天國。」

或許爸爸也希望在這群人當中，你呢？的確，當我們受到傷害的時候，仍然保持鎮靜和不生氣是很不容易的。但假若我們可以做到的話，我們便更有能力去戰勝罪惡。凡是戰勝罪惡，堅信《聖經》上的應許，並且不住聽從聖靈微小聲音的人就是上帝的「餘民」(剩餘、數目不多的上帝子民)。他們會殷勤工作，把上帝的愛彰顯給世人。儘管他們的數目不多，但在耶穌再來之前，他們卻能成就上帝偉大的聖工。

本課要點

- 在《聖經》的最後一卷書啟示錄中，約翰描述「龍」出去跟「婦人和她其餘的兒女」爭戰（啟示錄 12 章 17 節）。這裡所說的「其餘的兒女」是指地上剩下還活著的人們呢？還是指那些持守上帝真道的少數信徒呢？
- 屬於上帝的這一小群人，就是在最後的日子中，經歷了困難、戰爭和迫害時，仍對上帝保持忠心的人。
- 在耶穌基督再來之前，這特別的一小群人，有責任對普天下的人宣講啟示錄 14 章 6-12 節的三天使信息，就是上帝向世人所發出的最後警告。

 思考問題

上帝的「餘民」是什麼意思？

根據啟示錄 12 章 17 節，這些餘民有哪些特徵？

 試做看看

在你的學校裡，組織一個叫「我選擇愛耶穌」小組。邀請每個人參加，在每週的小組例會上，想辦法再去邀請那些拒絕你和在生活中傷害過你的人加入，並為他們禱告。

習作 1

上帝的餘民是一個特別的群體，他們堅守對上帝的信心，為祂傳福音，直至世界的末了。按照啟示錄 12 章 17 節的內容，**餘民有哪兩個重要的特徵呢？**

❶ 他們守上帝的 _____

❷ 他們為耶穌 _____

讓我們利用下圖，來複習上帝賜我們的十條誡命：

十誡
The Ten Commandaments

我們對神的約

❶除了_____以外，你不可有別的_____。

❷不可為自己雕刻_____。

❸不可妄稱_____你上帝的名。

❹當記念_____守為_____。

我們對人的約

❶當_____父母。

❷不可_____。

❸不可_____。

❹不可_____。

❺不可做_____陷害人。

❻不可_____人一切所有的。

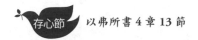

存心節　以弗所書 4 章 13 節

直等到我們眾人在真道上同歸於一，認識上帝的兒子。

第**14**條

大噪音
基督身體的合一

阿爾伯特先生拿起指揮棒說道：「各位，現在開始演奏！」隨著阿爾伯特的手揮動，我們開始演奏各自的樂器。那一刻，我們都感覺有些地方出了大問題。平時我們聽到的都是由各種樂器組合發出的和諧悅耳的聲音，包括豎笛、長笛，還有響亮悅耳的喇叭和長號等，但此刻教堂的音樂練習室發出的聲音實在令人難以忍受。它刺痛我的耳朵，但我是按照正確的方式在演奏啊！其他人也都是一樣，但是為什麼剛才的音樂卻是這麼難聽呢？

阿爾伯特先生揮一下手，示意我們停下。他問道：「你們覺得我們的新歌怎麼樣？」隊員們不約而同地搖頭，好像想把刺耳的聲音從腦海中趕走一樣，並一致回答說：「這根本不是音樂！簡直就是極大的噪音！」

我們的樂隊指揮笑著說：「你們說對了！你們想知道問題出在哪裡嗎？」

我們點點頭。「上安息日，牧師證道的主題是『合一』，提到我們怎樣做到合一，在聖靈的保守下拯救失喪的人。」我回應道：「但我們是在一起演奏啊，但仍不能有好的效果。」阿爾伯特先生笑著說：「那是因為我給你們每個人演奏的曲子都是不同的。我想讓你們聽聽，當每位演奏者不是在演奏同一首曲目時，會發出怎樣的聲音。現在請你們翻到我為你們寫的那首新歌《聖經在我心》。」

這次，當我們演奏的時候，我們聽到的是和諧悅耳的聲音。為什麼呢？因為我們都在演奏同一首曲目，聽起來非常悅耳。同樣地，當我們在基督裡聯合起來的時候，我們的教會才會和諧。即使我們來自不同的國家，說不同的語言，有不同的文化背景，我們在基督裡都是平等的。無論我們是什麼膚色，我們都是天父的孩子，都是與他人分享希望的救恩。

本課要點

- 教會是由來自不同國家，說不同語言的人組成的一個群體。當我們在耶穌基督裡合一的時候，我們就能向世人彰顯耶穌無私的愛（約翰福音 17 章 20-23 節）。
- 耶穌希望教會做到思想、判斷和行為上都同心合意（羅馬書 15 章 5、6 節；哥林多後書 13 章 11 節）。
- 信徒在耶穌基督裡成為一體，有同一信念、盼望和使命，與每個人分享這愛的福音（以弗所書 4 章 4-6 節）。
- 信徒團結合一是向他人彰顯耶穌基督的最好見證。

思考問題

耶穌要我們愛世上所有的人，這是不是一件不可能做到的事呢？

你用什麼方法與不同性格的同學和睦相處？

試做看看

在下一次家庭聚會或小組崇拜聚會上，讓大家在同一時間唱不同的歌，之後再唱同一首歌。這兩種方式，你喜歡哪一種呢？

畫張漂亮的祝福卡，寫上美麗的祝福，把它送給同班五個同學或教會五個朋友。這些同學或朋友都是要來自不同的國家，說不同的語言，有著不同的文化背景。

習作 1

教會不是一座建築物，而是一群有共同信仰的人。請沿著虛線把拼圖剪下，依照章節內容，在空白處將拼圖合起來，看看教會為何如此特別。教會的主要特徵：歌羅西書 3 章 14-15 節（建議：可先請老師或家長協助，利用較厚的紙張影印拼圖頁，方便學生剪下進行活動！）

請影印後使用

✂ 剪下來

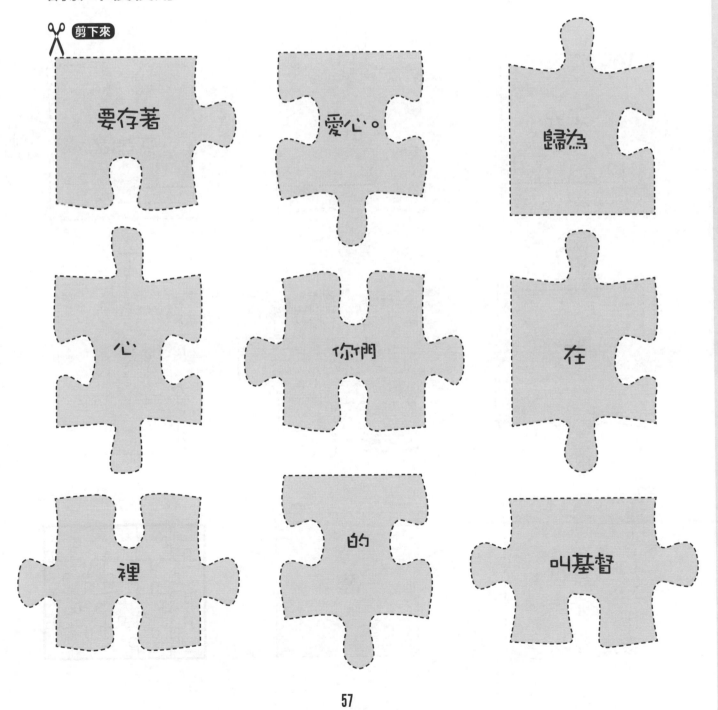

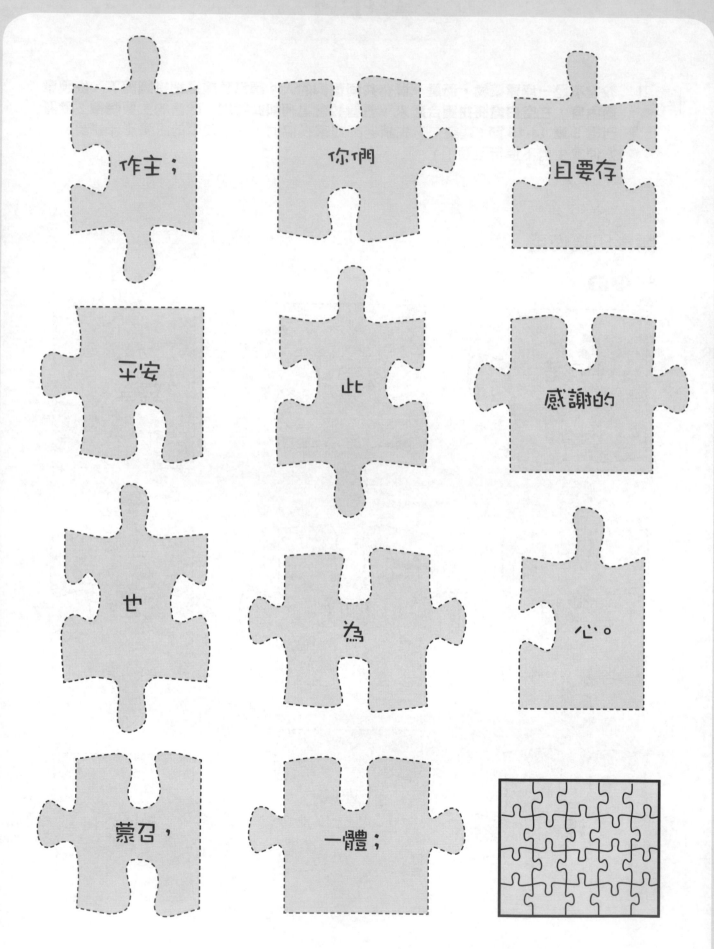

作主；

你們

且要存

平安

此

感謝的

也

為

心。

蒙召，

一體；

 存心節　加拉太書 3 章 26-27 節

所以你們因信基督耶穌，都是上帝的兒子。你們受洗歸入基督的，都是披戴基督了。

第**15**條

牆上的證書

浸禮

　　當醫生把一個儀器放進我的耳朵檢查的時候，我問道：「那是什麼？」醫生朝著我指的方向看一眼，然後繼續檢查。

　　他說：「那是我的醫生執照。沒有執照，我就不能當醫生。」我問道：「為什麼？」他回答道：「因為這張執照是證明我受過醫學的專業訓練，也就是向這裡每一個病人證明，我有資格為他們看病，幫助他們康復。」

　　我說：「我希望我房間的牆上也掛有一張資格證明書。」

　　醫生在我的體檢表上寫了資料後，就微笑著對我說：「你已經有一張證明書了。」「我有證明書？」我真不明白他的意思。他說：「去年你受洗的時候，有沒有收到一張浸禮證明書呢？」我說：「有。」

　　醫生說：「那麼，你也有一張證明書了。那張浸禮證明書是證明你已經認識上帝、救恩和律法，也表明你已經接受主耶穌為個人的救主，你是屬於上帝的大家庭，有資格幫助其他人學習更多關於耶穌的事。你應該為這方面的成就而感到自豪。」

　　當天晚上，我把我的浸禮證明書裝進木框，掛在房間的牆上。現在，我無論什麼時候看到它，都會記得我是一位基督徒，要為主工作。

　　早期教會的門徒很多都四散傳揚救主復活升天的好消息，成千上萬的人因而受洗歸主。與此同時，使徒腓利蒙主指示，去見一個埃提阿伯（即現今衣索比亞）太監，這人掌管大權，總管女王的銀庫，腓利給他講解《聖經》後，他聽了就相信了，並且立即把馬車停靠在有水的地方接受了浸禮。之後這人就歡歡喜喜的回去了（使徒行傳 8 章 26-39 節）。這是多麼美好的事啊！

本課要點

- 當我們邀請耶穌作我們生命的救主時，心中的污穢便被除掉，浸禮就象徵這種內心的潔淨。

- 「浸禮」這個詞在希臘語是「浸入」和「洗」的意思。因此當我們受洗的時候，我們是全身浸入水中（馬可福音 1 章 9 節；使徒行傳 2 章 38、41 節）

- 當我們受洗，浸入水中時，就象徵著耶穌的死和復活。我們全身浸在水中，象徵這個污穢的罪人已經死了，被埋葬了。我們從水裡起來，表示我們復活了，開始過一個潔淨的新生活（羅馬書 6 章 3、4 節）。

思考問題

一個人接受浸禮前應該做什麼準備？

你怎樣感化其他人去接受主耶穌並接受浸禮呢？

試做看看

如果你已經接受浸禮了，那就把你的浸禮證明書裱框，掛在房間的牆上。如果你還沒有接受浸禮，你可以做一張證明書，上面寫著「上帝教會的準成員」，並在上面畫上圖畫，描繪出你承諾耶穌，你有一天會成為教會一分子。

習作 1

「浸禮」的意義是什麼呢？請你按照數字題示填入正確字詞，找出答案。
藉著浸禮，我們向其他人表明什麼？

我們已經認識了 ☐ ☐ 、救恩、和 ☐ ☐ ，
　　　　　　　　10　7　　　　　　　　6　13

我們 ☐ ☐ 跟從耶穌，
　　　8　4

接受祂為我們個人的 ☐ ☐ 。
　　　　　　　　　　2　11

我們 ☐ ☐ 入水，又從水裡起來，
　　　5　14

表示 ☐ 已經死去，我們可以重新開始，
　　12

過潔淨的 ☐ ☐ ☐ 。
　　　　　1　9　3

1	2	3	4	5	6	7
新	救	活	意	全	律	帝
8	9	10	11	12	13	14
願	生	上	主	罪	法	身

習作 2

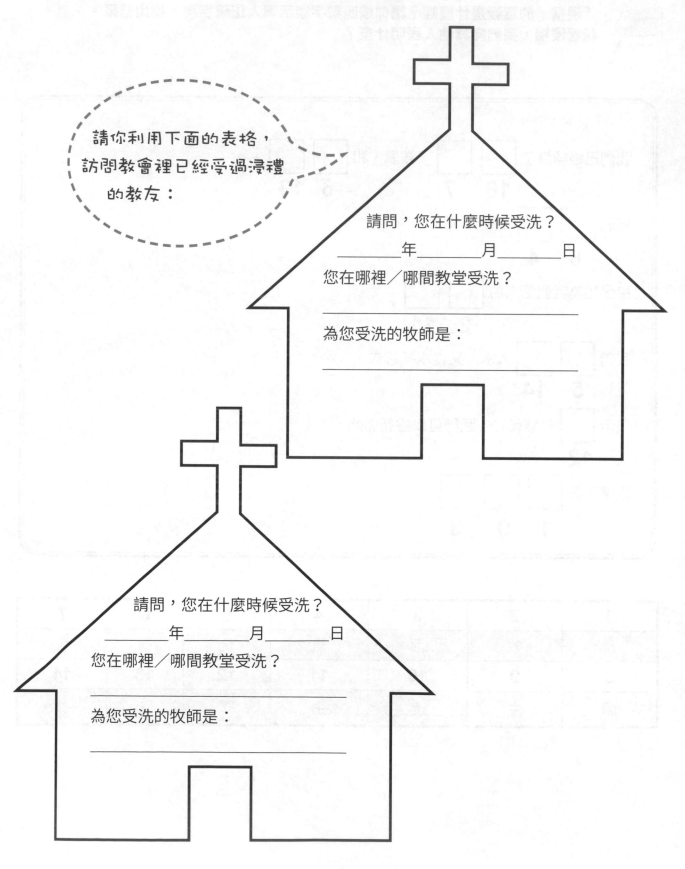

請你利用下面的表格，
訪問教會裡已經受過浸禮
的教友：

請問，您在什麼時候受洗？
_____年_____月_____日
您在哪裡／哪間教堂受洗？
_____
為您受洗的牧師是：
_____

請問，您在什麼時候受洗？
_____年_____月_____日
您在哪裡／哪間教堂受洗？
_____
為您受洗的牧師是：
_____

存心節 哥林多前書 11 章 26 節

你們每逢吃這餅，喝這杯，是表明主的死，直等到祂來。

第 **16** 條

紀念的日子

聖餐禮

你喜歡收到禮物嗎？毫無疑問，每個人都喜歡！那麼你有沒有想過，為什麼你的親人或朋友會送禮物給你？那是因為他們想讓你知道他們有多愛你。當你收到來自遠方，很久沒有見過面的朋友寄來的禮物時，總會特別興奮。禮物能讓你想起他們。它也提醒你，你的朋友們也在想著你！

我的曾祖父去年辭世，我很想念他。每當他講有趣的故事或笑話時，我都會被逗得笑起來。我很懷念和他在農場裡一起度過的那段時光。

曾祖父去世後不久，我從他的律師那裡收到一個盒子。盒子裡面是一只鍍金的漂亮懷錶，打開它，只見閃亮的白色錶盤，和大大的黑色錶針。我一搖動它，錶針就開始「滴答、滴答」地走了起來，多年來，它就是這樣忠心地為曾祖父服務。曾祖父把一張紙條繫在錶鏈上，留給我。他寫道：「紀念我。當你看見這個錶的時候，要記得我愛你。曾祖父字。」

我把曾祖父的漂亮懷錶放在我的書桌上最顯眼的地方。每當我想念他的時候，就拿起這個懷錶，聽著它發出的「滴答、滴答」聲。他老人家的音容笑貌就浮現出來，回憶讓我不再感到孤獨。耶穌也想讓祂的門徒紀念祂。因此，在祂被釘十字架前，便和門徒吃了一次特別的晚餐。

耶穌和他們吃餅和喝葡萄汁，並且告訴他們，每當吃這餅，喝這杯的時候，都應該紀念祂是多麼愛他們！餅代表主耶穌的身體，為我們的罪被釘在十字架上。葡萄汁代表主耶穌的寶血，為我們的罪而流。耶穌不想我們忘記祂的愛！祂因為愛我們，甘願來到這個世界，為我們的罪被釘死在十字架上。現在祂在天上為我們預備地方，將來有一天，你也會和祂永永遠遠生活在一起。耶穌時時刻刻都在關心你！

　　耶穌希望你紀念祂為你所做的一切和祂的愛。因為祂知道，當你這樣做的時候，你一定不會忘記告訴別人，耶穌是多麼的愛他們！

 本課要點

- 聖餐禮是讓我們紀念耶穌在十字架上的偉大犧牲 (馬太福音 26 章 26-28 節；哥林多前書 11 章 24-26 節)。
- 耶穌也設立了洗腳禮。我們互相洗腳，表明我們的罪需要被潔淨，要彼此謙卑服事，在主的愛中合一 (加拉太書 5 章 13 節；馬太福音 20 章 28 節)。
- 耶穌所吃的餅是無酵餅。有酵餅裡面含有酵母，因發酵形成麵粉膨脹，被認為是罪的象徵（哥林多前書 5 章 7 節），不能代表主耶穌「沒有瑕疵」的羔羊（彼得前書 1 章 19 節），所以只有「無酵餅」才能代表主耶穌無罪的身體。
- 葡萄汁也必須是沒有發過酵的。它代表主耶穌聖潔無瑕的寶血，新鮮的葡萄汁是沒有發酵的。

 思考問題

　　紀念主耶穌在十字架的死，能幫助你明白你和朋友之間的關係嗎？它可以怎樣幫助你們呢？

　　領受聖餐禮，就是吃這餅，喝這杯之前，你該怎樣預備自己的身、心、靈呢？

 試做看看

　　自己做一個「回憶箱」，裡面放一些能讓你想起你所愛的人的物品。這些物品可能是媽媽的手帕，爸爸的棒球，親戚送的特別玩具，或者是你朋友寄給你的一封信。另外也找一些能讓你想起耶穌的東西放到盒子裡面。每當你看到這些東西的時候，你就向祂禱告。

習作 1

 浸禮、洗腳禮和聖餐禮是三個在教堂經常舉行的儀式。請依照下列問題，將其問題和正確的答案連起來。

 浸禮的意義是什麼？　　　　　　　● 主耶穌聖潔的寶血

 聖餐禮的餅代表什麼？　　　　　　● 已受洗的基督徒

 洗腳禮的意義是什麼？　　　　　　● 要彼此服事，在愛中合一

 誰可以參加聖餐禮？　　　　　　　● 主耶穌無罪的身體

 聖餐禮的葡萄汁代表什麼？　　　　● 一個人向大家表示他願意跟從耶穌

耶穌在受難前與門徒一起享用逾越節的晚餐。他將兩樣食物從桌上舉起來，告訴門徒這兩樣食物將在日後用來紀念祂。這兩樣食物是什麼呢？請按數字將 65 頁、66 頁的圖案連起來，連完圖案後別忘了幫它們塗上美麗的色彩喔！

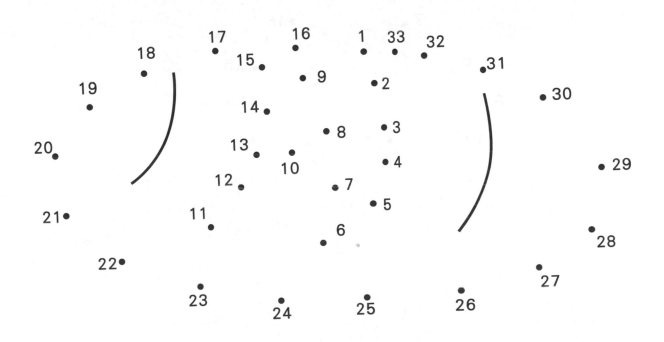

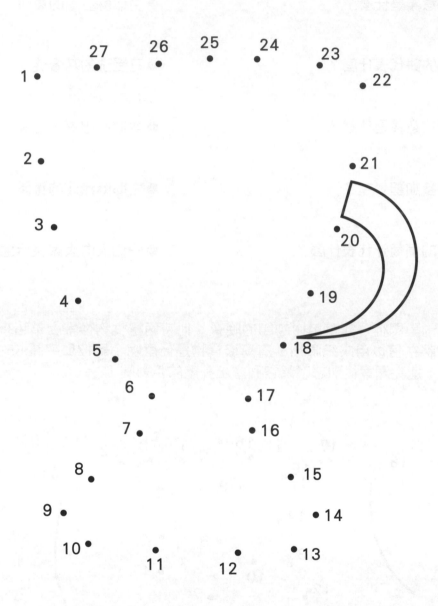

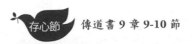

存心節　傳道書 9 章 9-10 節

因為那是你生前，在日光之下勞碌的事上所得的分。
凡你手所當作的事，要盡力去作。

第**17**條

越用越多
聖靈的恩賜與職事

我興奮地對售貨員說：「我要買這一輛！」我把厚厚的一疊紙鈔放進他的手裡，他很驚訝地接著。我問他說：「配件都齊全了嗎？」「齊全了！」他一邊數錢，一邊說：「你可以隨時出發。」我點點頭。為了這輛自行車，我在這個夏天接了幾份工作來做。

在厚厚的草坪上割草、做褓母照顧哭鬧的孩子、兩次清理雜物房、多次幫爸爸清洗他的車子。最後終於賺夠錢了。爸爸和我去買我的第一輛自行車。回家後，我把新自行車放在車房裡，用布快速地擦了它一遍。它立即像一枚新硬幣一樣，閃閃生光，英姿煥發。我坐下來，目不轉睛地凝望著它。爸爸看見我坐在那裡，便問道：「你在做什麼？」我說：「它太漂亮了，我捨不得用它。我看著它已經很滿足了。」

爸爸在我身邊坐下來，對我說：「我不同意。如果你現在不用它，它可能會漸漸變成廢鐵。它若不經常走動的話，車身就會生銹，零件就會剝落，成為廢物，扔在垃圾堆裡。因此，所有的物件一定要運用，無論是自行車、花園的鏟子，還是上帝給我們的恩賜，都要好好運用。你還記得我們在早上靈修時所學習的教訓嗎？我們一定要多運用上帝賜給我們的各樣才能和屬靈的恩賜，越用越多，不用就自動消失了，那有多麼遺憾啊！你同意嗎？」

我聽後便立刻站起來，騎上我那輛嶄新的自行車，馳騁而去。臨走前，我大聲對爸爸說：「我絕對同意！」我決定要充分運用我擁有的一切，無論它是用我賺來的錢去買，或是從上帝而來的恩賜！

本課要點

- 上帝賜給教會每個人不同的恩賜來服務其他人，以建立一個合一的群體（哥林多前書 12 章 1-11 節；羅馬書 12 章 6-9 節）。

- 聖靈賜給我們不同的恩賜，例如教導、醫病、講道、說預言、憐憫人、鼓勵人、信心和服務等。

- 我們每個人都是我們所擁有的恩賜和才能的管家。無論我們有一種恩賜，還是兩種，或者五種，我們都有責任去運用，使它越用越多。如果我們不運用這些恩賜的話，便可能會失去它們（馬太福音 25 章 14-30 節）。

- 屬靈的恩賜和才能是聖靈所賜予的，為的是令聖徒各盡其職，互相服事（以弗所書 4 章 11-12 節）。

 思考問題

　　屬靈的恩賜和一般的才能有什麼區別？

　　你能列舉出你所擁有的兩種到四種屬靈的恩賜和才能嗎？然後具體說明一下，在家中、學校裡，或者社區裡，你能怎樣運用這些恩賜。

　　會不會有人沒有任何屬靈的恩賜呢？為什麼？

 試做看看

　　你有屬靈恩賜（音樂、寫作、容易相處、組織能力、演講能力等等）嗎？下決心至少每天運用一種屬靈恩賜，並且把你運用恩賜的事情記在日記中。記住要感謝上帝對你無盡的愛。

習作 1

上帝賜給每一個孩子不同的才幹及能力，藉此讓他們有機會事奉祂。你擅長的事情有哪些，是可以用來幫助上帝的工作呢？請利用下圖中的圓圈，畫出或寫下你擅長的事，別忘了替你的「禮物」著色喔！

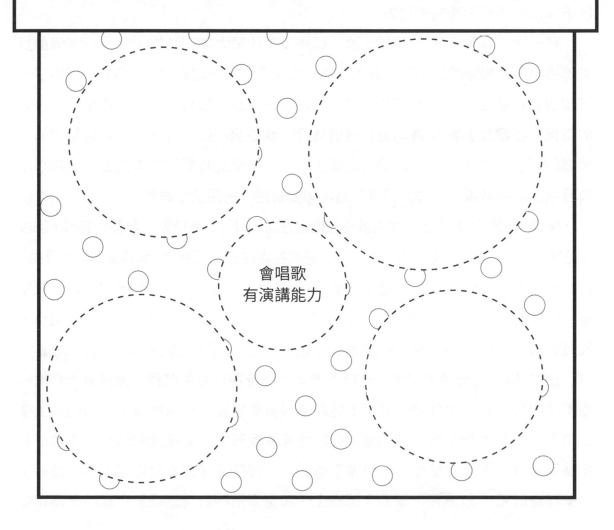

上帝給我的禮物⋯⋯⋯⋯

會唱歌
有演講能力

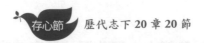 **存心節** 歷代志下 20 章 20 節

信耶和華你們的上帝就必立穩。信祂的先知就必亨通。

第**18**條

我的嚮導

預言的恩賜

　　李先生是一位護林員，他經常會遇見迷路的觀鳥人。他戴著帽子，隨身攜帶裝滿水的水壺。他知道哪條路通向北方，也能以觀察小鳥飛行的動作來分辨出那是什麼鳥。他還能說出哪種蘑菇是可以放心吃，哪種不可以吃。最重要的是他知道怎樣把你帶到你想去的地方。

　　有一次，我和家人去野外露營，那裡沒有什麼大路或路標，只有一條條曲折的羊腸小徑、巍峨的高山和湍急的河流。那天下午我決定去觀鳥，但竟然迷路了，不知道自己身在何方，也不知道自己該往哪方向走。當我坐在路邊考慮該怎麼走的時候，我聽見有腳步聲朝著我這邊靠近。我心想不妙，可能是一隻饑餓的熊或發怒的獅子。後來發現原來是人的腳步聲，我就是這樣認識了李先生。他關切地看著我，微笑著說：「你好像迷了路，你要我把你送回營地嗎？」

　　在帶我回營地的路上，他告訴我怎樣定方向，以便不會迷路。我留心聽著，因為迷路實在是太可怕了，我不想再試一次。爸爸提過在野外露營時，嚮導是非常重要的。對於基督徒來說，他們的嚮導便是先知。先知是由上帝揀選的，是上帝的發言人。《聖經》中提到很多先知，他們有些甚至是《聖經》的作者。透過學習先知所寫的著作，我們更能認識上帝。先知不是只生活在《聖經》時代，就是在當今年代，也有先知。

　　1800 年，上帝揀選懷愛倫作祂的使者。上帝揀選她的時候，她只有十六歲。她不是牧師，也不是教師。事實上她甚至沒有受過正規學校教育，因為她只上了三年學。但是她願意聽上帝的話，因為她深深愛著主，這樣她的信心逐漸地成長和堅固起來。後來她結婚了，也做了母親，上帝在許多方面使用懷愛倫。她寫了許多屬靈的著作和信件，幫助人認識上帝和更清楚明白《聖經》。當撒母耳和你

一樣還是小孩子的時候，一天晚上，上帝呼喚他。起初他並不知道是上帝在向他說話，但他決志要學習聽從上帝的話。上帝使用撒母耳把祂的信息傳遞給以色列的百姓。你也能學習聽從上帝所說的話。當你禱告或讀《聖經》的時候，就是上帝在向你說話。

上帝揀選祂的使者，並不是看他的年齡，而是看他的信心。如果你相信上帝，你也可以作為上帝的使者。上帝賜給我們《聖經》指引我們歸向祂，上帝還賜給我們一些特別的人來指引我們的道路。當你聽從上帝透過祂的使者向你發出的信息時，你就不會走錯路。在你的生活中，上帝也使用一些人來幫助你更加理解《聖經》。或許上帝有一天也會呼召你，讓你幫助其他人更加認識主耶穌。你準備好了嗎？

本課要點

- 「先知」這個詞是從希伯來文 nabi 翻譯過來的，意思是「傳達上帝的話給祂的百姓」，先知是上帝的代言人。
- 先知的預言並不是根據他們自己的意思，因為「預言從來沒有出於人意的，乃是人被聖靈感動說出上帝的話來。」(彼得後書 1 章 21 節)
- 懷愛倫是基督復臨安息日會的創始人之一，她在 1844 － 1915 年把上帝的信息傳達給教會。

思考問題

你怎樣才能知道上帝對你說話呢？閱讀詩篇 46 篇 10 節；阿摩司書 3 章 7 節。

以利亞和以利沙都是先知，先知有哪些特點呢？

試做看看

請你的父母、教會的朋友或老師講懷愛倫的故事給你聽。你也可以閱讀有關她生平事蹟的書籍。

與你教會的朋友創作和演出一個關於懷愛倫生平的短劇。

習作 1

 你可以猜到以下謎語的答案嗎？**提示：他們都是代表上帝的使者。**

● 穿的是駱駝毛的衣服，腰間束的是皮帶，吃的是蝗蟲與野蜜。我是誰？

_____

● 在 1844 年大失望後，上帝賜我一個任務。我是誰？

_____

● 天使封住獅子的口，牠們沒有傷害我。我是誰？

_____

● 我是一個不順從的先知。我曾在海洋裡漂流。我是誰？

_____

● 我藏在溪水旁邊，我吃烏鴉送來的食物。我是誰？

_____

● 我看見了聖城並把它寫下來是我的任務。我是誰？

_____

你可以嘗試設計一些有關上帝的特別使者——先知的謎語嗎？

 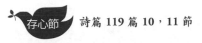 存心節　詩篇 119 篇 10，11 節

我一心尋求了祢。求祢不要叫我偏離祢的命令。我將祢的話藏在心裡，免得我得罪祢。

第**19**條

路標
上帝的律法

前幾天我們開車到市鎮去，我記下路上看到的所有交通標誌。我問爸爸：「為什麼會有這麼多的交通標誌？畢竟只有瘋子才會走錯方向，或在學校安全區開快車，或是不看清楚路面情況仍然超速前進。」

爸爸說：「這些交通標誌不是為瘋子而設的。有時奉公守法的司機也會分心或疲倦，稍不留神便出錯。政府放置這些交通標誌是為了提醒我們怎樣安全到家。法律並不只是為違法者而制定的，也是為那些守法的人制定的，讓他們知道怎樣做一個負責任的司機。上帝律法的作用也是一樣。」

我問：「上帝的律法？」爸爸回答說：「是的，上帝的律法。就以十條誡命為例，它是幫助我們這些愛上帝和順從祂的人明辨是非。當罪惡試圖以謊言或虛假的承諾來蒙騙我們時，這些誡命就教導我們怎樣過正確的生活。」

現在，每逢我在車裡看見這些路標閃過時，我都會發出會心的微笑。作為一個守法者，我很高興有這些路標，因為它們幫助我一路平安。

十條誡命在我的生活中，代表著上帝對我的慈愛和關懷，祂是多麼渴望我過著幸福健康的生活。我遵守十條誡命就是向上帝說：「我愛祢」。

本課要點

- 從十條誡命中可以看出上帝在建立我們的品格，以及與祂的關係和與別人的關係之間所表明的慈愛、旨意和目的（羅馬書 7 章 12 節；詩篇 119 篇 151、172 節）。

- 遵守十條誡命能讓我們遠離罪惡，得到真正的自由（詩篇 119 篇 45 節）。它幫助我們發展基督徒的品格。

思考問題

十條誡命如何能在下列錯誤的情況下指引你？

❶ 你對母親沒有禮貌，對她大聲呼喝。

❷ 因為你生得矮小，便把自己實際年齡隱瞞，以取得某些優惠。

上帝的律法真是難守的嗎？

試做看看

把十誡用標誌表示出來，把它們貼在你的房間裡。例如：做一個「不要偷盜」的標誌，掛在你存錢的地方。「愛你的鄰居」的標誌就放在教科書旁邊，提醒你要關愛你的同學。

在報紙上找出兩則犯罪的新聞，案中的犯人違反了十誡的哪一條呢？請為他們禱告。

習作 1

上帝的十誡讓我們知道祂愛我們，而且透過十誡教導我們如何與祂、與家人及其他人建立好的關係。**找出一些誡命，當你遵守時可以與上帝或人有好的關係，然後請你把它們連線配對起來。**

 除了我以外，你不可有別的神。

 當孝敬父母。

 不可殺人。

 不可妄稱耶和華的名。

 不可姦淫。

 不可貪圖別人的房屋。

 不可拜偶像。

 不可偷盜。

 不可作假見證害人。

 當記念安息日守為聖日。

（上帝）

（家人）

（朋友）

習作 2

 這些誡命說明了什麼？你可以計算以下的數學問題並找出其相關的誡命嗎？你可以從出埃及記 20 章 1 - 17 節找到提示。

❶ 上帝有一個特別的日子，讓你敬拜祂。　　　　　　　　　　(3+6)－5＝

❷ 尊重及服從你的父母。　　　　　　　　　　　　　　　　(2x3)－1＝

❸ 經常講誠實的話。　　　　　　　　　　　　　　　　　　(18/2)＝

❹ 生命是可貴的。照顧自己及他人的生命。　　　　　　　　(3x4)/2＝

❺ 滿足你所有的，感謝上帝的賜福。　　　　　　　　　　　(5x3)－5＝

❻ 上帝在你人生中佔重要地位。　　　　　　　　　　　　　(8/4)－1＝

❼ 只愛你的丈夫或妻子。　　　　　　　　　　　　　　　　(3x3)－2＝

❽ 沒有東西可以取代上帝。上帝不是一張相片或一個雕像。　(7－5)＝

❾ 只榮耀耶和華的名。　　　　　　　　　　　　　　　　　(12/4)＝

❿ 尊重他人的財物。　　　　　　　　　　　　　　　　　　(4x4)/2＝

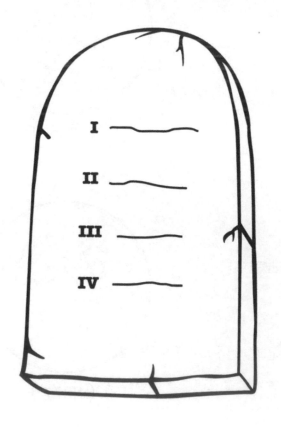

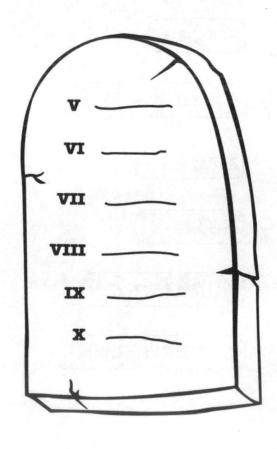

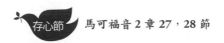 馬可福音 2 章 27，28 節

安息日是為人設立的，人不是為安息日設立的。
所以人子也是安息日的主。

媽媽和我的約會
安息日

每逢星期二下午，我和媽媽都約定一起做些有趣的事情。我最喜歡在後院玩英式足球，或去附近公園散步、或去買東西，又或者跟媽媽談人生、朋友，以及個人儀容等重要話題。媽媽說星期二下午是屬於我和她的時間，我實在太喜歡擁有這段時間了！

在這段時間裡只有我和媽媽在一起，沒有電話打擾她，沒有任何人或事打擾我們。上星期二，媽媽和我去探望教會的一位老人家。她沒有家人，需要別人幫她打掃家居和修理壞了的東西。上一個星期二，我們就坐在樹下吃冰淇淋。我們計劃下星期二在家裡看故事書。

通常都是媽媽讀，我留心聽著，我很喜歡聽媽媽講故事。有一次當我們在一起時，媽媽說：「我們在一起的時刻，就好像安息日。」

我不明白她的意思，便問道：「安息日？我們不會在星期二到教堂吧！」媽笑著回答說：「我不是那個意思。」她繼續說：「安息日是屬於我們和上帝的時間。每安息日我們都敬拜和讚美祂，做祂喜悅的事。」

每一週我期待著兩次「約定的時間」：一次是星期二，我和媽媽的約會，另一次是安息日，我和耶穌的約會。

每逢安息日，耶穌和門徒彼得、雅各、約翰、安得烈等都去猶太會堂敬拜上帝，頌讀《聖經》；使徒保羅也在會堂裡與信徒一起唱詩，歌頌上帝；信徒聽他講道。那是多麼美好的時光啊！

本課要點

- 安息日是一週的第七日，即星期六，上帝稱為聖日，因為六日創造的工完畢，上帝在第七日歇了祂一切的工 (創世記 2 章 1-3 節)。
- 上帝稱安息日是祂與人之間的記號和盟約 (出埃及記 31 章 16 節；申命記 7 章 7-8 節)。
- 從星期五日落到星期六日落，就是安息日 (創世記 1 章 5 節)。

思考問題

出埃及記 20 章 10 節記載說：「無論何工都不可作」，這句話是什麼意思呢？是不是指什麼工作都不能做呢？

你可以在安息日做什麼來表明你尊重這日呢？請舉例出來。

試做看看

列出耶穌在安息日做過的事，包括醫病，講道，宣讀《聖經》，到朋友家吃飯等。根據耶穌的榜樣，安排你的安息日活動。

列出你在星期五日落前，為預備安息日而做的事。當一切都在日落前準備好之後，你有什麼感受呢？請寫下來。

習作 1

安息日是上帝特別喜愛的日子。解開以下的英文拼字謎題，你會找出一些祂對安息日的教導。

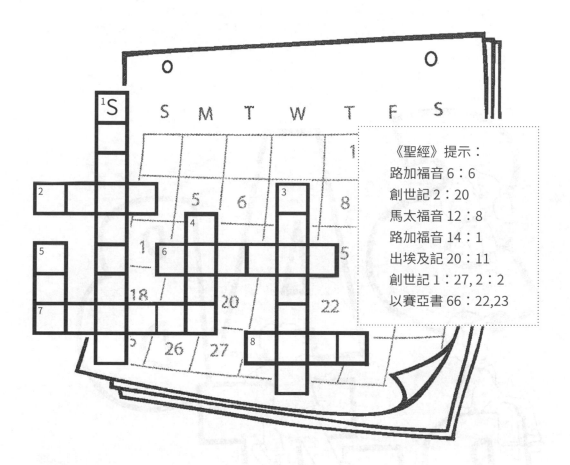

《聖經》提示：
路加福音 6：6
創世記 2：20
馬太福音 12：8
路加福音 14：1
出埃及記 20：11
創世記 1：27, 2：2
以賽亞書 66：22, 23

直行

❶ 耶穌在安息日到過這地方。
❸ 當我們在安息日敬拜祂，我們記得祂是＿＿＿＿＿。
❹ 安息日被稱為＿＿＿＿＿的日子。
❺ 耶穌於一個安息日到一個法利賽人家去＿＿＿＿＿。

橫行

❷ 第一個於安息日前的星期五被創造的人。
❻ 將來每逢安息日，我們也會在這地方敬拜。
❼ 耶穌也在安息日做這事。
❽ 耶穌說祂是安息日的＿＿＿＿＿。

創造主 (Creator)

亞當 (Adam)

教導 (taught)

休息 (rest)

會堂 (synagogue)

用膳 (eat)

主 (Lord)

天國 (heaven)

習作 2

 在 SABBATH(安息日) 這個英文字裡畫上或寫上你想在安息日裡做的事。你也可以貼上一些有大自然圖畫的貼紙，提醒自己上帝的創造。

 存心節 詩篇 24 篇 1 節

地和其中所充滿的，世界和住在其間的，都屬耶和華。

第 **21** 條

分享美物
管家

我雖不知這樹是怎麼長大的，但是我能坐在它粗壯的樹枝上。我雖不能呼喚小鳥在這樹上築巢，但卻能聽見牠們在鳥巢裡傳出來的美麗歌聲。我雖不能使樹葉在春天發芽，我卻能在樹蔭下乘涼。這一棵種植在我家院子裡的大樹，雖然可以說是屬於我，但我可以做到的實在有限，只能享受它罷了。

當我出生的時候，爸爸就在房子旁邊種了這棵樹，他對媽媽說：「將來我要用這棵樹教導我們的兒子認識一個與上帝有關的重要課題。」

當我懂事之後，爸爸便告訴我，那天他挖了個坑，輕輕的把這棵屬於我的小樹苗放在裡面。那已經是幾年前的事了，現在我已經可以坐在樹蔭下乘涼，也可坐在粗壯的樹幹上玩耍。不錯，這棵樹是我的，不過，也是屬於上帝的。這就是爸爸要我明白的課題。要知道，即使爸爸把這棵樹送給我，但我不能使它每年成長。那是上帝的工作。祂降下雨露和陽光、讓鳥兒在樹枝上築巢、提供水分給樹根和枝葉，因此這棵樹是屬於我和上帝的。

而事實上，我也要對它負責任。我不會把有害的化學劑噴在樹上。夏天，我不會用露營刀刻劃樹幹，也不會剪去枯死的枝條，因為帶有病菌的小蟲會爬入破裂的位置，使樹生病。為免傷害樹根，我不會在樹根周圍掘坑，傷害樹根，也不會在大樹旁邊燒垃圾。

每當我小心照料屬於上帝的東西時，爸爸都說我是個「好管家」。不過，我心中只是這樣想：我很喜歡我的樹，要好好照料它，就像上帝一直在照顧我一樣。在馬太福音 25 章 14-28 節中，耶穌講了一個比喻。有一個人要往外國去，他就叫了他的僕人來，囑咐他們要看守他的家業。他決定按照各人的才幹，給他們分銀

子。第一個人他給了五千，第二個人給了兩千，第三個人給了一千。那領五千的，隨即拿去做買賣，另外賺了五千。那領二千的，也照樣另賺了二千。但那領一千的，去掘了一個坑，把主人的銀子埋起來了。主人回來後，問他們怎樣處理他的銀子。

第一和第二個僕人用他們的錢賺了一倍。但領一千銀子的仍是一千銀子，什麼也沒做。因此主人就不高興，收回他的一千銀子，給了善於運用銀子的前兩個僕人。上帝希望我們成為好管家。

本課要點

- 管家就是「管理人」，負責處理主人委託給他的事情。從你怎樣管理個人的事上，就可以看出你怎樣回應上帝的愛。
- 基督徒就是管理人，管理上帝賜給我們的一切：包括我們的生活、身體、時間、才幹和能力、擁有的財產、服務他人的機會，還有真理的知識等。

思考問題

你會怎樣明智地運用你的時間？列出四或五種你會用的方法。

當上帝要求我們把收入的十分之一奉獻給祂時，是不是要求太多呢？

你可以做什麼令你吃得健康呢？

試做看看

在你的院子裡種一株花或者一棵樹。觀看上帝怎樣幫助你使它成長，每天都感謝上帝讓你成為跟祂一起照料植物和動物的管家。

撥出你每週或每月收入的十分之一，把它放在一個捐款信封裡，然後投進教會的奉獻箱。把你當時的感受寫下來。

習作 1

 我是一個好管家嗎？請把上帝的好管家會做的事打 ✔。

為上帝做管理身體的管家：

＿＿＿＿＿＿我只吃健康的食物。

＿＿＿＿＿＿我只吃我想吃的食物。

＿＿＿＿＿＿我不吸毒。

＿＿＿＿＿＿運動對我身體好。

＿＿＿＿＿＿我多喝水。

＿＿＿＿＿＿我經常很晚睡覺。

你可以想出其他方法照顧自己的身體嗎？把它們寫下來吧！

＿＿＿＿＿＿＿＿＿＿＿＿＿＿＿＿＿＿＿＿＿＿＿＿＿＿

＿＿＿＿＿＿＿＿＿＿＿＿＿＿＿＿＿＿＿＿＿＿＿＿＿＿

＿＿＿＿＿＿＿＿＿＿＿＿＿＿＿＿＿＿＿＿＿＿＿＿＿＿

＿＿＿＿＿＿＿＿＿＿＿＿＿＿＿＿＿＿＿＿＿＿＿＿＿＿

為上帝做保護地球的管家：

＿＿＿＿＿＿我會珍惜用水。

＿＿＿＿＿＿我會隨處棄置垃圾。

＿＿＿＿＿＿我會照顧大自然的花草樹木。

＿＿＿＿＿＿我會用彈弓射殺小鳥及小動物。

寫下其他可以幫助你保護地球的方法。

＿＿＿＿＿＿＿＿＿＿＿＿＿＿＿＿＿＿＿＿＿＿＿＿＿

＿＿＿＿＿＿＿＿＿＿＿＿＿＿＿＿＿＿＿＿＿＿＿＿＿

＿＿＿＿＿＿＿＿＿＿＿＿＿＿＿＿＿＿＿＿＿＿＿＿＿

＿＿＿＿＿＿＿＿＿＿＿＿＿＿＿＿＿＿＿＿＿＿＿＿＿

為上帝做管理財務的管家：

_____我每月先把什一奉獻和其他奉獻撥出，獻給上帝。

_____ 我把所有錢花費在自己身上。

_____ 我會捐出部分金錢幫助有需要的人。

_____ 我要求父母買最新式的玩具、遊戲或服飾給我。

寫下其他可以幫助你好好管理財務的方法。

_____

_____

_____

為上帝做善用才幹的管家：

_____我會用我的才幹和恩賜去為自己賺取金錢。

_____我會在敬拜聚會中奉獻音樂。

_____我只為了在測驗中及格而讀書。

_____當我的朋友在功課上遇到困難，我會盡力幫助他們。

寫下其他可以幫助你好好善用恩賜的方法。

_____

_____

_____

為上帝做管理時間的管家：

_____我不節制自己看電視或玩電腦遊戲的時間。

_____我用時間去幫助別人。

_____我用時間去閱讀《聖經》和禱告。

_____我把所有時間都用來做家務。

_____我用時間去幫助有需要的鄰居。

寫下其他可以幫助你好好管理時間的方法。

我們是不是每天都擁有 24 小時呢？

_____

_____

_____

 存心節　哥林多前書 6 章 19，20 節

豈不知你們的身子就是聖靈的殿嗎？這聖靈是從上帝而來，住在你們裡頭的。並且你們不是自己的人。因為你們是重價買來的。所以要在你們的身子上榮耀上帝。

存清潔的心
基督徒的行為

爸爸帶著倦意，微笑著說：「好了！現在我們的車房徹底清理乾淨了！」我自豪地說：「爸爸，我們做了一件很了不起的事啊！不過，我們怎麼處理這些垃圾呢？這裡有很多殘舊的工具、空油罐、只剩下一個滑輪的雪橇，還有生銹的籃球架、裝滿破舊布條的垃圾袋。」爸爸想了一會，然後點點頭說：「我知道了，我們把這些垃圾倒在教堂裡，那塊聖餐桌和風琴之間的空地上吧！那裡再適合不過了！」我驚訝的問道：「我們的教堂！不能這樣做！」

爸爸問：「為什麼？」我說：「因為教堂是上帝的家，是上帝的殿！」

爸爸說：「就像你的身體一樣，也是上帝的殿啊！」「是的，就像……」我張大的嘴巴停住了。我羞愧的說：「哦，我明白了。你指的是我吃那些對身體無益的垃圾食物。我的身體是上帝的殿，便不應該把那些不健康的垃圾食物放進去，對嗎？」爸爸點點頭說：「基督徒應該和那些不認識上帝的人有分別。無論在吃喝、言行，甚至是娛樂上，都應該與他們有所不同。上帝希望祂常在我們心中，就好像祂常在教堂裡一樣。」

我望著這堆垃圾，想像到它們若被倒在聖餐桌旁邊的空地上，那會是多麼可怕啊！然後我想像到我的身體充斥著高糖和高脂肪的垃圾食品的情景。於是，我拿起垃圾袋，咧嘴笑著說：「讓我們把這些垃圾倒在應該倒的地方吧！」我們隨即把它倒在垃圾收集站去。耶穌希望我們做祂真正的門徒，在生活和行為上充滿愛心。還記得住在約帕的多加嗎？她是個真正的基督徒，廣行善事，多施賙濟（使徒行傳 9 章 36 節）。雖然拿俄米的兒媳婦路得不認識上帝，但拿俄米還是仁慈的對待她。拿俄米的好行為終於使路得接受了她所相信的上帝（路得記）。

本課要點

- 作為耶穌的門徒，基督徒應該有一種不同的生活方式。我們無論思想、感覺還是行動，都應該榮耀上帝，照著耶穌所行的去行。

- 基督徒應該養成良好和健康的生活習慣，因為我們身體是聖靈的殿（哥林多前書 6 章 19 節）。我們需要適當的運動、休息、健康的飲食，不喝含酒精的飲品、不抽煙、不濫用藥物和麻醉藥，因為這些對我們的身體都是有害的。

- 我們應該用較高的標準去選擇良好的音樂、書籍、電視節目、電影，及其他娛樂，好幫助我們成為耶穌的真正門徒（腓立比書 4 章 8 節）。

 思考問題

　　如果耶穌在你的心裡，你會怎樣對待那些對你不好的朋友呢？又會怎樣對待不同膚色的朋友呢？

　　你會建議教會的朋友讀什麼類型的書籍、聽什麼類型的音樂和觀看什麼類型的電影呢？

 試做看看

　　在你的家裡，要有充足的新鮮水果，例如蘋果、橙、或者葡萄。每當你想吃那些垃圾食物時，你就可以用這些健康的水果取代。

習作 1

上帝揀選我們成為祂家庭的一分子，並接受我們作為祂的兒女（參閱以弗所書 1 章 5 節）。因為我們都是天國裡的王子與公主，我們便要按著天國的法則而行。請把一些與天國的王子／公主行為相符的冠冕圈出來。

 我有時會用謊話來掩飾自己的過失。

我每天祈禱。

我會在朋友的背後說三道四，散播謠言。

我是一個王子／公主，所以我不用做家務。

我可以隨喜好而看電影，這些電影都對我沒有影響。

我幫助那些有需要的人。

吸煙或喝酒都是我個人的事，沒有人能管我。

我關心我的衣著打扮，衣服都必須要整潔稱身。

我到教會聚會，教會能幫助我與上帝和家人的關係更親密。

我相信身體是聖靈的殿。我需要吃得健康，做運動，並有允足的休息。

存心節　哥林多前書 13 章 8 節

愛是永不止息。

第**23**條

冰袋諾言
婚姻和家庭

前幾天我跟我最好的朋友維琦坐在我家門前的臺階上聊天。她突然轉過身來問我：「如果有壞人傷害我，你會制止他們嗎？」我答應道：「當然會！無論發生什麼事情，我永遠都在你的身邊。」

第二天放學後，在操場上有三個喜歡欺負同學的五年級學生向我們迎面走過來，開始取笑我和維琦的頭髮、衣著，甚至我們的牙齒。他們其中有一人還重重的把維琦撞倒在地上，我立即大叫道：「住手！」

其中一個朝我的方向走過來，大聲問：「誰可以制止我？」口頭上答應永遠在你朋友身邊是一回事，但當有人握著拳頭，向你走過來的時候，履行這個承諾又是另一回事。可是，我既然承諾了，便只好閉上眼睛，接受那擺在我面前的事實。那天晚上，維琦和我坐在臺階上，用冰袋敷在我們腫脹的左臉上。她把臉轉向我，眨著她那隻還沒有受傷的眼睛，輕輕地說：「你做到了！你留在我身邊，遵守你的諾言。現在我知道你是我永遠的朋友。」

我點點頭說：「我們教會的傳道人講過，夫妻無論遇到什麼事情都應該持守他們的諾言。因此，我想我們年輕人也該信守諾言。」如果你曾經向你的朋友許下諾言，或者當你結婚的時候，你承諾要愛一個人直到永遠，那麼，無論發生任何事情都要遵守諾言。即使你可能需要一、兩個冰袋敷傷，也不必擔心。肉體的痛楚會消失，但你們的友誼會永遠長存。

你記得約瑟和馬利亞的故事吧！約瑟在迎娶馬利亞之前，知道馬利亞從聖靈懷孕。當天使向約瑟顯現並告訴他，馬利亞所懷的孩子是上帝的兒子後，約瑟始終陪伴在馬利亞的身邊。他娶了馬利亞，並且愛她，照顧她，並和她一起撫養救主耶穌長大

成人。

雅各愛拉結，他答應要娶拉結為妻。但是他必須要為拉結工作七年。在婚禮那天他發現被拉結的父親欺騙了，他娶的是拉結的姐姐利亞。但是他所愛的是拉結，他就情願為拉結再工作七年。最後雅各迎娶了拉結，終生愛她並照顧她。

 本課要點

- 上帝為男人和女人設立恆久不渝的婚姻制度。無論是順境或逆境，他們都承諾要彼此相愛。
- 婚姻是神聖的，因為上帝使它神聖。離婚並不是上帝的計畫，因為當我們的父母離婚的時候，我們會因他們的痛苦決定而受影響（馬太福音 19 章 3-9 節）
- 兒女是上帝透過婚姻賜給家庭的祝福（詩篇 127 篇 3 節）。
- 父母彼此相愛、尊重，就像基督愛祂的教會一樣。
- 父母應該教導他們的兒女愛上帝並遵守祂的命令（申命記 7-9 章）。

 思考問題

你怎樣才能使你的家成為一個充滿快樂和愛的地方？

為什麼上帝創造了婚姻和家庭制度？

 試做看看

做一個「諾言筆記本」，畫上圖畫或者貼上照片。每當你答應為某人做一些事情的時候，就記在這個筆記本上，那麼，你就不會忘記。每當你履行了你的諾言，就在列表上劃一個紅色的記號！

習作 1

 上帝期待我們都能擁有美滿的家庭。雖然現在我們年紀還小，但是我們可以在上帝裡面為將來做好預備。**你將來想要遇見什麼樣的伴侶呢？請為未來的你和你的另一半寫下特點介紹吧！**

未來的我　　　　　　　　　未來的另一半

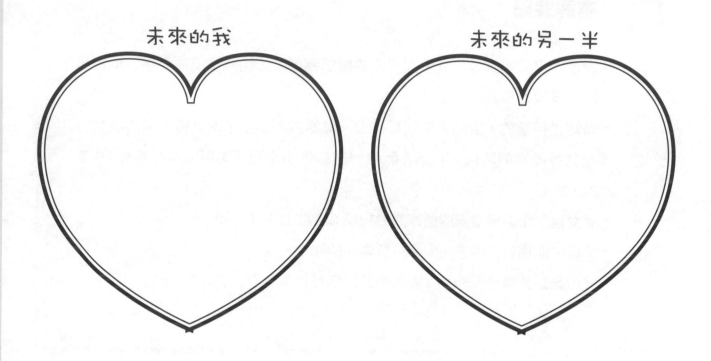

- 你參加過教堂舉行的婚禮嗎？　是 □　　否 □

- 和誰一起去參加：

- 最令你印象深刻的事是：

習作 2

 基督徒的婚禮誓詞是很神聖的，因為他們知道婚姻和家庭制度都是上帝所創立。
請依代碼，將適當的字詞填進空格裡。（編者：每一教會婚禮誓詞或有些不同，
此為基本內容。）

在這特別的日子裡，在 □□ 面前，我將我的 □□ 給你。
　　　　　　　　　　　4 19　　　　　　　18 5

無論是順境或是 □□ 、富裕或貧窮、健康或 □□ 、快樂或憂愁，
　　　　　　　　7 13　　　　　　　　　14 9

我將永遠在你身旁做你的丈夫 / 妻子。

我將毫無保留的愛你、□□ 你，盡我所能 □□ 你的需要，
　　　　　　　　　　20 3　　　　　　1 16

在危難中 □□ 你，在憂傷中安慰你，與你在身心靈上共
　　　　　17 6

同 □□ ，我承諾將對你永遠 □□ ，疼惜你，直到 □□ 。
　　8 12　　　　　　　　　2 15　　　　　　10 11

供	忠	敬	上	諾	護	逆	成	病	永
1	2	3	4	5	6	7	8	9	10
遠	長	境	疾	實	應	保	承	帝	尊
11	12	13	14	15	16	17	18	19	20

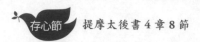

從此以後，有公義的冠冕為我存留，就是按著公義審判的主到了那日要賜給我的。不但賜給我，也賜給凡愛慕祂顯現的人。

第24條

一塊石頭
基督在天上聖所的服務

我含著眼淚說：「對不起，原諒我吧！」爸爸搖搖頭，說：「孩子，我對你很失望。你的朋友向你挑戰，要你向窗戶扔石頭，那並不表示你就該那樣做。況且住在那兒的米勒先生非常貧窮，連買食物的錢都不夠。」

我承認做錯了，說：「我知道我犯了錯，對不起。」我和爸爸站在那裡，內心非常難過。我已經承諾會償還爸爸為我支付安裝玻璃的錢，但是最使我傷心的，卻是看到爸爸臉上那悲傷的表情。我辜負了爸爸對我的期望，太令他失望了。

那天晚上，當我走到爸爸的房間說晚安時，我看見他正跪在牀邊禱告。我聽見他在禱告說：「親愛的主啊，求您饒恕我的兒子，因為他今天打破了別人的窗戶。我願意為他的行為承擔全部的責任，並且會盡我最大的努力教導他行走正路，幫助他明白你對罪人的饒恕。謝謝你聽我的禱告，阿們。」

去年，我從《聖經》課上知道，耶穌現正在按著每人的言行進行審查的工作（查案審判），決定誰可以在祂第二次再來時，和祂一起進天國。老師說，耶穌會原諒每一個帶著真誠的心求祂饒恕的人。父親對我的原諒顯示了耶穌的饒恕。耶穌饒恕了罪人的過犯，並通過聖靈教導他們走當行的路，就像我的父親原諒並教導我一樣。上帝指示摩西和以色列子民在曠野建造聖所。以前每天在聖所裡發生的事，正預表耶穌今天在天上所做的事情。在曠野中，大祭司負責監督以色列人求赦罪的過程，和審判那些選擇犯罪的人。現在，耶穌在天上正做這樣的工作。祂是我們在天上的大祭司，祂饒恕和洗淨我們生活中一切的罪，最後把我們接回天家。

因此在我的書桌上一直放著一塊石頭，它提醒我耶穌饒恕我的過犯，指引我走當行的路，有一天把我接回天家。耶穌愛我，就像我的爸爸一樣！

本課要點

- 上帝的寶座在天上的聖所（啟示錄 4 章 1-4 節）。
- 耶穌是天上聖所的大祭司，為我們的罪代求（希伯來書 8 章 1、2 節）。

思考問題

如果我向耶穌承認我的罪，祂會饒恕我。但對於我忘記承認的罪，耶穌是否仍會饒恕我？

當你得罪了人，而那人卻饒恕你，你會有怎樣的感受呢？

試做看看

放一個木錘子在你的書桌上。在你向上帝禱告，請求祂赦罪之後，拿起這個小錘子，敲一下桌子並且說：「赦免了！」

做一本小記事本或者禱告日記本。寫下你每天在生活中所犯的錯。一天結束的時候，向上帝禱告，祈求祂饒恕你。然後在上面，用紅筆畫上一個「X」，寫上「赦免了！」

習作 1

 上帝曾指示摩西和以色列民在曠野建造聖所；從前在聖所裡進行的事，正預表耶穌今日在天上所做的事。請你依照聖所中器物正確的擺放位置，依序填入代號：

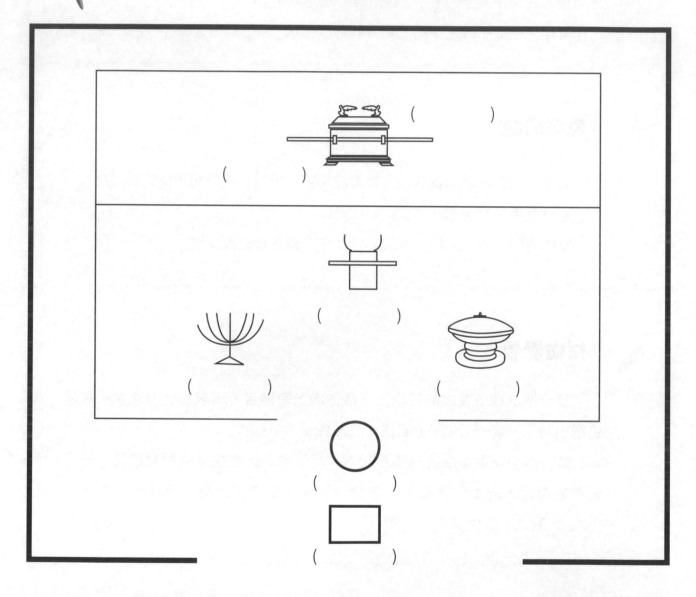

想一想：依照本課內容，填入正確答案：

❶耶穌是天上聖所的＿＿＿＿＿＿＿，為我們的罪＿＿＿＿＿＿＿。

（希伯來書 8：1，2）

❷耶穌現在正按著每人的＿＿＿＿＿＿＿進行審查的工作，好決定誰

　能在祂第二次再來時，和祂一起＿＿＿＿＿＿＿。

❸上帝的寶座在天上的＿＿＿＿＿＿＿。（啟示錄 4：1-4）

Ⓐ 燔祭壇
Ⓑ 陳設餅桌
Ⓒ 香壇
Ⓓ 約櫃
Ⓔ 基路伯
Ⓕ 洗滌盆
Ⓖ 金燈台

 存心節 啟示錄 1 章 7，8 節

看哪，祂駕雲降臨。眾目要看見祂，連刺祂的
人也要看見祂......這話是真實的。

第 **25** 條

紅色小貨車
基督復臨

今天我們一家人很忙碌，因祖父母快要來到我們家了，可是我們還未預備好。

祖父母一年只來兩次，所以我們希望把家裡打掃得乾乾淨淨來迎接他們。我幫忙吸塵、擦傢俱，媽媽洗床單，爸爸清理後院的雜草，一家人忙得團團轉。

家中所有的花瓶都放滿鮮花，祖父母愛吃的食物都準備好了。我還特地買了一條新褲子，要在他們來的那天穿。他們喜歡在河邊散步和參觀歷史博物館，我們也計劃陪他們。我們各人都懷著興奮的心情等待著他們的紅色小貨車出現。

爸爸說，他等待紅色小貨車來到的心情，就像等待耶穌再來一樣。我們必須做好充足的準備。耶穌再來是要接所有愛祂並遵守誡命的義人回天家，包括死了的義人，他們都會復活，和耶穌永遠同住 (約翰福音 14 章 1-4 節)，那些拒絕祂的惡人就失去這種福分，留在這黑暗的世界中被消滅。耶穌必定再來！你要做好充分的準備來迎接祂！

本課要點

- 耶穌對門徒說，祂要到父那裡為他們預備地方，並答應會再來 (約翰福音 14 章 3 節)。
- 耶穌「駕雲降臨」，人人都可以看見 (啟示錄 1 章 7 節)。
- 有大響聲伴著耶穌再來。「因為主必親自從天降臨，有呼叫的聲音，和天使長的聲音，又有上帝的號吹響。」(帖撒羅尼迦前書 4 章 16 節)。
- 耶穌會帶著榮耀、權柄，以勝利者姿態復臨（馬太福音 16 章 27 節 ）。使徒約翰在啟示錄中，描繪耶穌騎著白馬，率領天軍（啟示錄 19 章 11-16 節 ）。
- 義人和惡人都會親眼看見耶穌再來，眾人都要看見祂（啟示錄 1 章 7 節 ）。
- 沒有人知道耶穌再來的確實日期（馬太福音 24 章 36 節 ），因此我們要時刻準備。

思考問題

你每天仍然要照常上學和做功課，你怎樣準備迎接主的再來？

你怎樣幫助你的朋友準備好迎接主的再來？

耶穌再來前的預兆已經記載在馬太福音 24 章中，你知道哪些事已經應驗了？

試做看看

如果耶穌今天就來，你會做哪些事情？請列出來。你的生活會有所改變嗎？由今天起，你要因耶穌很快回來而感謝祂，並著手做你列出的事。

探訪長者和失去父母的孩子，把耶穌會再來的好消息告訴他們。

習作 1

從《聖經》中的記載，我們知道耶穌必會再來，我們要做好準備來迎接祂。現在請將自己當成一位記者，試著想像耶穌再來時的情景以及人們可能有的反應，將此情景寫成一篇報導。（年紀較小的孩子可利用中間圖片預留區以四格漫畫來呈現內容。）

復臨日報
Adventist Daily News

（新聞圖片，請孩子們試想當時情景並畫下來）

（新聞標題）

（新聞內容）

存心節　帖撒羅尼迦前書 4 章 16 節

主必親自從天降臨，有呼叫的聲音，和天使長的聲音，又有上帝的號吹響。那在基督裡死了的人必先復活。

第 **26** 條

夢想的田野
死亡與復活

我對媽媽說：「好友丹尼死了，他的棺木被埋在墓地裡，但剛才牧師站在墓碑旁告訴每個人，當耶穌復臨時，我們會再次見到丹尼，我不明白這怎麼可能？」

媽媽把手搭在我的肩膀上，說：「我們邊走邊談談吧！」我們走到後院的大草地，坐在一根朽木上。她指著那片草地問我說：「你看見什麼？」我看見那邊美麗的景色，便回答說：「我看見嫩綠的草和許多春天的花。」媽媽問：「這片田野在去年冬天是怎樣的呢？」

我搖搖頭說：「遍地是白濛濛的雪。」媽媽繼續問：「究竟是什麼使這一切改變了？」我聳聳肩說：「我想是因為春天來到。冰雪開始融化，小草和花朵開始在野地裡生長。」這時我突然明白過來了。「小草和花朵在地上等待，等待著陽光和雨露，等待著溫暖的微風吹過，等待著 … 等待著 … 生命的復甦！」

媽媽笑著說：「耶穌復臨，叫死人復活的那日，就好像令人欣喜、萬物復甦的春天一樣。在春天，陽光和雨露叫小草生長，而在那日，是主耶穌親自叫愛祂和信祂的人，包括丹尼在內，從死裡復活。」

我凝視眼前這片美麗的田野，我終於明白了，心裡充滿希望。記得馬利亞和馬大的弟弟拉撒路死的時候，她們是多麼的悲傷啊！幾天之前，她們派人告訴耶穌拉撒路病了，希望耶穌來醫治，但耶穌卻沒有來。然而當耶穌來的時候，祂告訴馬大不要悲傷，因為「你兄弟必然復活」（約翰福音 11 章 23 節）。

「那怎麼可能？」馬大聽了那話就很迷惑，因為她知道應該在末日復活的時候，她的兄弟才會復活，但耶穌的話給了馬大、馬利亞還有那些愛祂的人很大的

安慰。耶穌說：「復活在我，生命也在我。信我的人，雖然死了，也必復活。」（約翰福音 11 章 25 節）。當耶穌再來的時候，祂會叫死人復活。

 ## 本課要點

- 所有犯罪和不服從上帝的人都會死。死亡就像睡覺一樣 (馬太福音 9 章 24 節；約翰福音 11 章 11-14 節)。
- 當耶穌再來的時候，所有在主裡面死了的人會復活，與耶穌在空中相見（約翰福音 5 章 28，29 節)。
- 得救的人會被提到空中，與耶穌生活一千年（千禧年)。
- 一千年結束後，那些已經死了的罪人將會復活。

 ## 思考問題

你的朋友或同學中，若剛失去親人或朋友，你怎麼跟他們分享耶穌再來這令人欣慰的信息呢？

人死了以後會怎樣呢？閱讀傳道書 9 章 5、6 節。

 ## 試做看看

在你的房子附近種植一小塊屬於你自己的「夢想的田野」。在春天看見花兒吐蕊的時候，就為這生命的復甦而感謝上帝。

把已經辭世的朋友或者你所愛的人的名字寫下來，向耶穌獻上感謝的禱告，因為祂再來時，你會再次見到這些人。

習作 1

 閱讀下列的句子，並把正確的句子填上「Ｏ」，錯誤的句子填上「Ｘ」。

_____ 死亡就像睡覺一樣。死去的人並不會知道身邊所發生的事。

_____ 跟死去的人談天是一件可能的事。

_____ 當一個人死去後，他的靈魂仍是繼續活著。

_____ 因為主耶穌從墳墓裡復活，所以我們都有復活的盼望。

_____ 人可以復活多過一次。

_____ 罪的工價乃是死。

_____ 不義的人不會從死裡復活。

_____ 第一次復活的人是那群愛主、為主犧牲的人。

_____ 復活的意思是死後復活，變成幽靈。

習作 2

 將耶穌復活的圖著色。

存心節　啟示錄 21 章 4 節

上帝要擦去他們一切的眼淚。不再有死亡，也不再有悲哀，哭號，疼痛，因為以前的事都過去了。

燃燒桶
千禧年與罪惡的結束

爸爸一邊清理一大堆枯死的樹葉，一邊提醒我：「別那麼靠近火，小心你的眉毛被火燒掉。」

燃燒桶裡的火把我剛剛扔進去的樹葉吞噬了，我笑著回應爸爸說：「你放心，我會小心的！不過沒有眉毛的樣子，挺有趣啊！你繼續把枯葉拿過來吧！我相信在午飯之前，一定可以把院子清理乾淨的。」

當我看著這些枯葉在火中燃燒時，就想起前幾天讀過的一些經文。《聖經》說，我們永遠和上帝在新天新地生活之前，上帝必先將罪惡消除。《聖經》描述整個世界會成為一個巨大的「火湖」，人類的痛苦、疼痛、所有不好的東西都像枯葉一樣，被扔在「火湖」裡燒毀。

我知道上帝並不願意看見那些拒絕祂的愛和不信祂的人轉離祂、寧願選擇滅亡而不選天國，但在這令人生畏的結局中，有些過程卻發人深省。

我拾起了一片皺褶的橡樹枯葉，想像它就是令人類受苦的疾病，於是我對它說：「你就是令人受苦的疾病。」然後我把它扔進了燃燒桶裡。隨即冒出一股輕煙，它就消失不見了！我抓起了另一片枯葉，宣佈說：「你就是令人受苦的恐懼。」把它扔進火去，隨即煙消雲散。接著拾起另一片枯葉說：「你就是令人受苦的謊言和欺騙，要消失在火焰中！」「你就是令人受苦的疼痛、傷心和焦慮。」我把另一片枯葉扔進火去，在濃煙中它也消失了！我拾起了一片非常大的樹葉，鄭重的宣佈說：「你就是死亡！」在火焰中它也消失得無影無蹤了。

這時爸爸又拿來另一堆枯葉。他看見我把枯葉逐一來燒，便問我：「你幾時才能把全部枯葉燒掉呢？」

我如夢初醒，說：「噢，我只是想像著上帝將要做的事而已。」接下來我便把全部枯葉倒進燃燒桶裡，此時，院子裡再找不到枯葉了。

本課要點

- 千禧年期間，得救的人會跟耶穌生活在一起（啟示錄 20 章 1-4 節）。
- 誰得救，誰滅亡，並不是一種隨意的判決，而是取決於我們在耶穌再來之前，個人是否選擇接受祂的救恩。
- 耶穌再來的那日，所有選擇不信靠祂的活人，都被祂的榮光所滅，而不信祂的死人仍未復活，因此在千禧年期間，撒但再也不可以迷惑人犯罪（啟示錄 20 章 2-3 節）。
- 千禧年結束之後，不信主的死人復活，照著他們所行的受審判。最後他們與撒但並惡天使，都被上帝的火消滅，地球就再沒有罪，潔淨了（啟示錄 20 章 5、9、12、13 節）。

思考問題

我們現在要怎樣準備，以便與耶穌生活在一起呢？

在每天的生活中，你怎樣拒絕撒但的試探，以便與耶穌同行呢？

試做看看

把你每天遇到的罪和試探寫在紙上，在營火會活動中，把這些紙扔進火中燒掉（請不要自行生火）。

當這個世界再沒有罪惡和令人受苦的事時，上帝的心是充滿喜樂。

習作 1

 千禧年時，得救的人會跟耶穌生活在一起。試想一下，**在下圖的大腳丫中記錄我在每天的生活中如何拒絕撒但的試探，天天與耶穌同行。**

我 ♥ 跟 隨 耶穌

星期日：
- -

星期一：
- -

星期二：
- -

星期三：
- -

星期四：
- -

星期五：
- -

星期六：
- -

老師簽名：　　　　　　　　　家長簽名：

 存心節 但以理書 7 章 18 節

> 然而，至高者的聖民，必要得國享受，直到永永遠遠。

第 **28** 條

沒有時分秒針的鐘

新天新地

陳先生是我家附近一間小古董店的老闆。我在店裡看見一個很特別的時鐘，便對他說：「我從未見過如此奇怪的一個時鐘。」他笑著說：「你是指它沒有了時分秒針，是嗎？它的時分秒針可能在很久以前遺失了。我之所以買這個時鐘，是因為它讓我明白到關於天國的道理。」

我說：「請說來聽聽。」於是，他走過來站在我的身邊說：「我和我的家人都盼望將來在天國住，我想你們也有同樣的盼望。我們很喜歡跟友善的動物一起玩耍、吃生命樹上的果子、像太空船一樣飛到遙遠的太陽系，和耶穌一起四處走訪其他星球。這個古老時鐘提醒我，我們可以永遠做這些奇妙、令人振奮和愉快的事。為什麼？因為在天國裡，人不用數算時日，所以就不需要時鐘，也不須劃定日程表來趕快做事，那裡只有寧靜與喜樂。」

我說：「真好。」我理解陳先生的心情，因而若有所思地說：「在那裡，我們不必預約見面的時間；只要答應一隻熊，在吃完食物後會到河邊見牠就是了。在那裡，也不會有什麼趕不及做的事，因為 …」

陳先生咧嘴笑道：「沒有時日，只有永恆生趣，美妙極了，是嗎？」我看一下這個沒有時分秒針的時鐘，點點頭說：「我也想擁有 個這樣的鐘。」他笑著對我說：「這個送給你！拿回家去吧！每次你見到它，就會想到天國的事。」現在，這個沒有時分秒針的古老時鐘就放在我牀頭邊的小桌子上。每逢我看見它，就巴不得快點在那個充滿喜樂的地方裡居住！

本課要點

- 當罪惡被根除，撒但和罪人消失後，新天新地便來了。
- 千禧年之後，聖城新耶路撒冷會降臨在地球上，成為上帝和得救的人永遠同住的家鄉。
- 耶路撒冷的希伯來文意思是「平安之城」。
- 上帝和耶穌都會在新天新地裡 (啟示錄 22 章 3-5 節)。
- 善惡之爭已結束，再不會有罪惡和罪人。
- 所有愛上帝的人，會永遠與上帝在新天新地裡快樂生活 (啟示錄 21 章 1-5 節)。

 思考問題

在新天新地裡，你有什麼問題想請教上帝和耶穌呢？請列出來。

哪些特別的事情是你現在不能做，但期望在新天新地的時候做的呢？

 試做看看

找一個陳舊並不再使用的時鐘，拿掉它的時分秒針，把它放在你每天都能看見的地方。你也可以期盼在一個只有永恆生趣的地方裡生活。

習作 1

 請依照啟示錄 21 章 1-8 節及 22 章 5 節內容，**在下圖時鐘右邊畫出或寫出新天新地裡不會再有的事情，在左邊寫出／畫出你希望在天國能做到的事。**

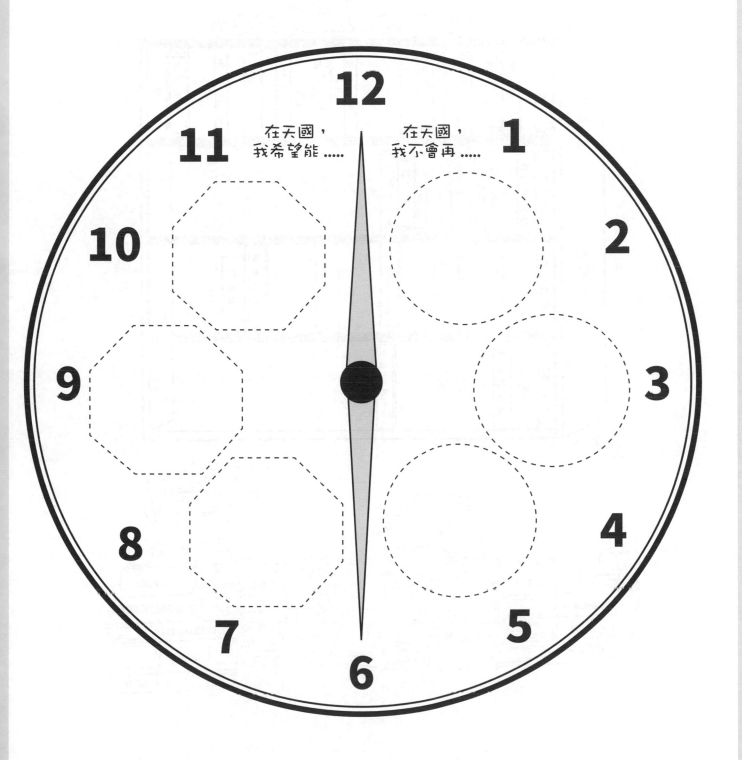

在天國，
我希望能......

在天國，
我不會再......

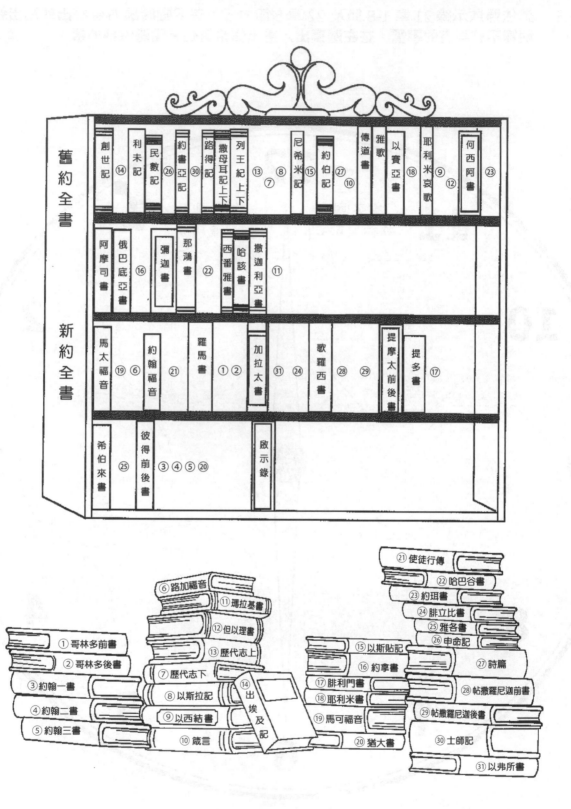

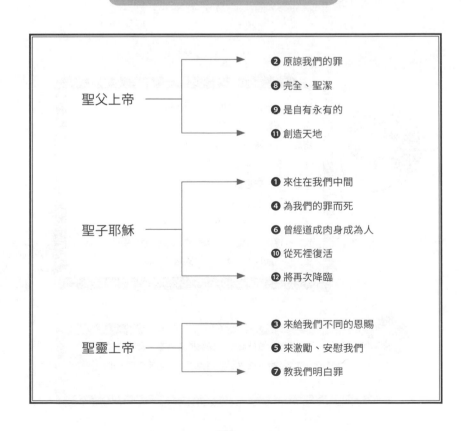

聖父上帝
❷ 原諒我們的罪
❽ 完全、聖潔
❾ 是自有永有的
⓫ 創造天地

聖子耶穌
❶ 來住在我們中間
❹ 為我們的罪而死
❻ 曾經道成肉身成為人
❿ 從死裡復活
⓬ 將再次降臨

聖靈上帝
❸ 來給我們不同的恩賜
❺ 來激勵、安慰我們
❼ 教我們明白罪

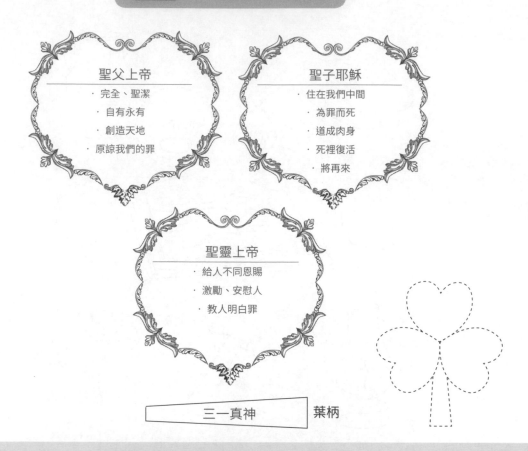

聖父上帝
· 完全、聖潔
· 自有永有
· 創造天地
· 原諒我們的罪

聖子耶穌
· 住在我們中間
· 為罪而死
· 道成肉身
· 死裡復活
· 將再來

聖靈上帝
· 給人不同恩賜
· 激勵、安慰人
· 教人明白罪

三一真神 葉柄

上帝給我的信息！

六月	慈愛	我們	不認識
是	未曾	星期二	我們
認識	星期一	祂	祂的
你	父	兒女	是
何等的	安息日		
也 稱為	因我們		
星期五	兒女	看	
使	得	七月	上帝的
世人	所以	真是	賜給	我們

信息　你看父賜給我們是何等的慈愛，使我們得稱為上帝的兒女；我們也真是祂的兒女。世人所以不認識我們，是因未曾認識祂。（約翰一書3：1）

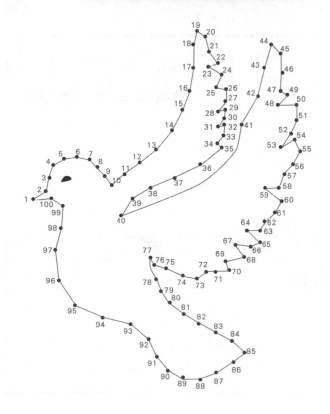

❶ 創世記 41：38
他為埃及法老解夢並提出警告

約瑟

❷ 出埃及記 31：2-4
他利用金、銀、銅等製作美麗的器皿

比撒列

❸ 士師記 6：34
他是一位領導以色列的士師

基甸

❹ 但以理書 4：8
他為巴比倫王解夢並提出警告

但以理

❺ 撒母耳記下 23：1-2
他是以色列的王，寫過許多美麗的詩歌

大衛

答案 第6課 | 習作 1

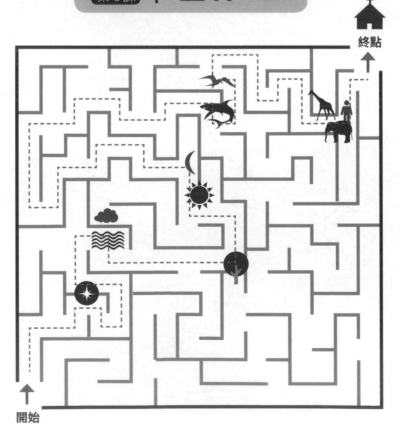

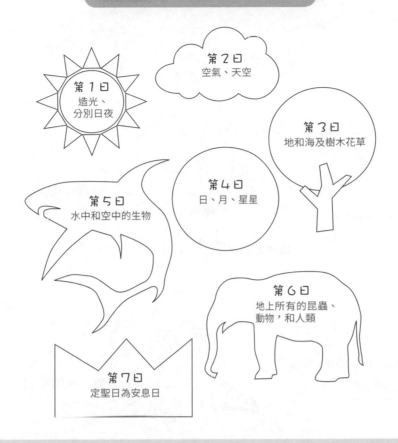

答案 第7課 | 習作1

●什麼是基督徒的「秘密」武器？(以弗所書 6 章 18 節)

靠著聖靈隨時多方禱告祈求

10　耶穌升上天上。

6　耶穌在猶太和加利利教導、講道和醫治。

2　耶穌在約瑟的木匠店工作。

7　耶穌在客西馬尼被逮捕。

4　耶穌在約旦河受施洗約翰的洗。

114

____1____ 耶穌在伯利恆出生。

____9____ 耶穌在死後第三天
復活。

____5____ 耶穌呼召祂的門徒。

耶穌在祂十二歲那年參加
祂人生第一次逾越節的聚
____3____ 會，祂更清楚自己的使命
了。

____8____ 耶穌因我們的罪而死
在十字架上。

答案 第10課 | **習作 1**

你知道
耶穌愛你嗎？

1	2	3
4	5	6
7	8	9
10	11	12
13	14	15

我知道，
我也愛祂！

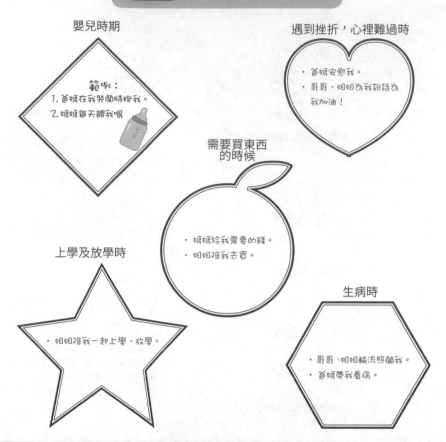

嬰兒時期

範例：
1. 爸媽在我哭鬧時抱我。
2. 媽媽每天餵我喝

遇到挫折，心裡難過時

· 爸媽安慰我。
· 哥哥、姐姐為我說話為我加油！

需要買東西的時候

· 媽媽給我需要的錢。
· 姐姐陪我去買。

上學及放學時

· 姐姐陪我一起上學、放學。

生病時

· 哥哥、姐姐輪流照顧我。
· 爸媽帶我看病。

餘民是一個特別的群體，他們堅守對上帝的信心，為祂傳福音，直至世界的末了。按照啟示錄 12 章 17 節的內容，**餘民有哪兩個重要的特徵呢？**

❶ 他們守上帝的 ___真道___

❷ 他們為耶穌 ___做見證___

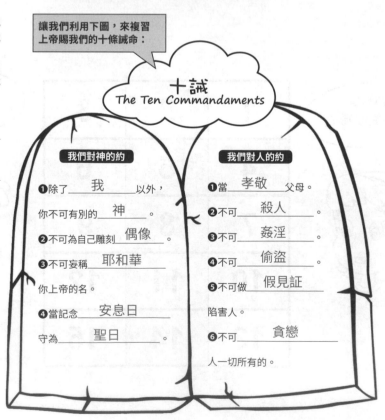

讓我們利用下圖，來複習上帝賜我們的十條誡命：

十誡
The Ten Commandaments

我們對神的約

❶除了___我___以外，你不可有別的___神___。

❷不可為自己雕刻___偶像___。

❸不可妄稱___耶和華___你上帝的名。

❹當記念___安息日___守為___聖日___。

我們對人的約

❶當___孝敬___父母。

❷不可___殺人___。

❸不可___姦淫___。

❹不可___偷盜___。

❺不可做___假見証___陷害人。

❻不可___貪戀___人一切所有的。

116

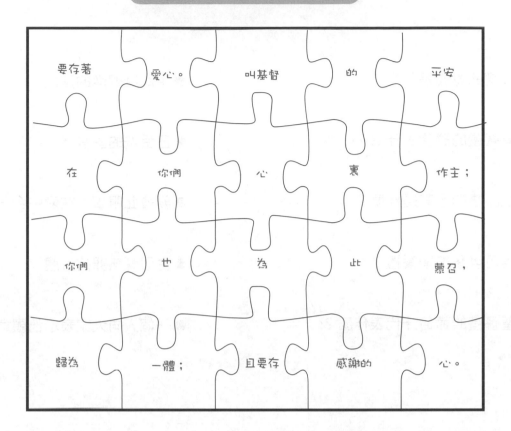

要存著　愛心。　叫基督　的　平安

在　你們　心　裏　作主；

你們　也　為　此　蒙召，

歸為　一體；　且要存　感謝的　心。

我們已經認識了 上 帝 、救恩、和 律 法 ，
　　　　　　　　10 7　　　　　　　6 13

我們 願 意 跟從耶穌，
　　　8 4

接受祂為我們個人的 救 主 。
　　　　　　　　　2 11

我們 全 身 入水，又從水裡起來，
　　　5 14

表示 罪 已經死去，我們可以重新開始，
　　12

過潔淨的 新 生 活 。
　　　　1 9 3

1	2	3	4	5	6	7
新	救	活	意	全	律	帝
8	9	10	11	12	13	14
願	生	上	主	罪	法	身

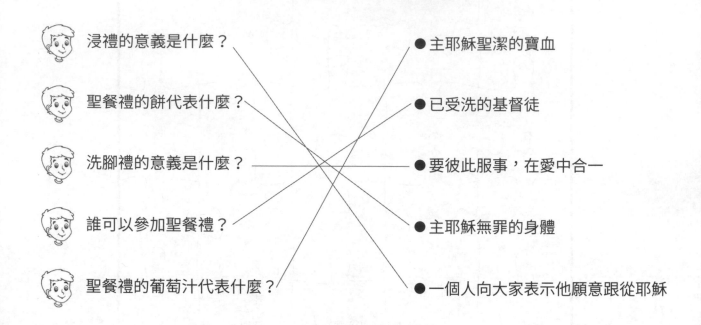

浸禮的意義是什麼？　　　　　　　● 主耶穌聖潔的寶血

聖餐禮的餅代表什麼？　　　　　　● 已受洗的基督徒

洗腳禮的意義是什麼？　　　　　　● 要彼此服事，在愛中合一

誰可以參加聖餐禮？　　　　　　　● 主耶穌無罪的身體

聖餐禮的葡萄汁代表什麼？　　　　● 一個人向大家表示他願意跟從耶穌

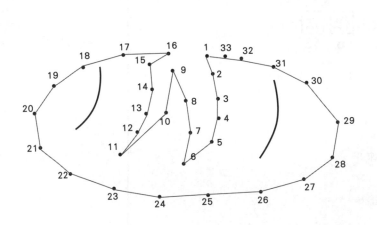

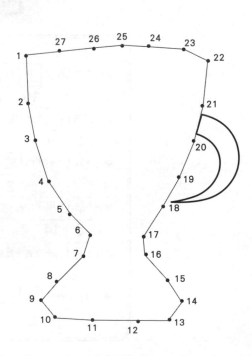

- 穿的是駱駝毛的衣服，腰間束的是皮帶，吃的是蝗蟲與野蜜。我是誰？
  施洗約翰

- 在 1844 年大失望後，上帝賜我一個任務。我是誰？
  懷愛倫

- 天使封住獅子的口，牠們沒有傷害我。我是誰？
  但以理

- 我是一個不順從的先知。我曾在海洋裡漂流。我是誰？
  約拿

- 我藏在溪水旁邊，我吃烏鴉送來的食物。
  我是誰？
  以利亞

- 我看見了聖城並把它寫下來是我的任務。
  我是誰？
  約翰

你可以嘗試設計一些有關上帝的特別使者——先知的謎語嗎？

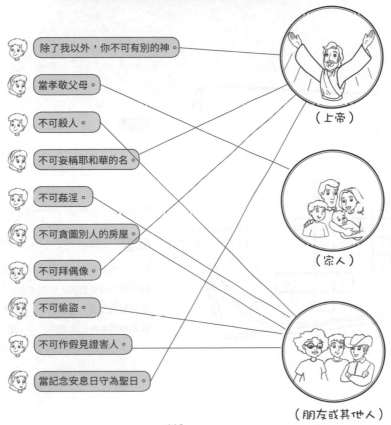

除了我以外，你不可有別的神。
當孝敬父母。
不可殺人。
不可妄稱耶和華的名。
不可姦淫。
不可貪圖別人的房屋。
不可拜偶像。
不可偷盜。
不可作假見證害人。
當記念安息日守為聖日。

（上帝）

（家人）

（朋友或其他人）

❶ 上帝有一個特別的日子，讓你敬拜祂。　　　　(3+6)—5= 4
❷ 尊重及服從你的父母。　　　　　　　　　　　(2x3)—1= 5
❸ 經常講誠實的話。　　　　　　　　　　　　　(18/2)= 9
❹ 生命是可貴的。照顧自己及他人的生命。　　　(3x4)/2= 6
❺ 滿足你所有的。多謝上帝的賜福。　　　　　　(5x3)—5= 10
❻ 上帝在你人生中佔重要地位。　　　　　　　　(8/4)—1= 1
❼ 只愛你的丈夫或妻子。　　　　　　　　　　　(3x3)—2= 7
❽ 沒有東西可以取代上帝。上帝不是一張相片或一個雕像。 (7—5)= 2
❾ 只榮耀耶和華的名。　　　　　　　　　　　　(12/4)= 3
❿ 尊重他人的財物。　　　　　　　　　　　　　(4x4)/2= 8

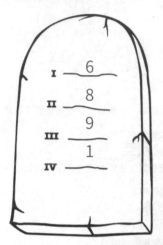
I 6
II 8
III 9
IV 1

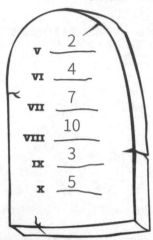
V 2
VI 4
VII 7
VIII 10
IX 3
X 5

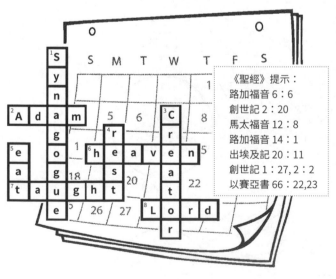

《聖經》提示：
路加福音 6：6
創世記 2：20
馬太福音 12：8
路加福音 14：1
出埃及記 20：11
創世記 1：27, 2：2
以賽亞書 66：22,23

直行

❶ 耶穌在安息日到過這地方 **會堂 (Synagogue)** 。

❸ 當我們在安息日敬拜祂，我們記得他是 **創造主 (Creator)** 。

❹ 安息日被稱為 **休息 (rest)** 的日子。

❺ 耶穌於一個安息日到一個法利賽人家去 **用膳 (eat)** 。

橫行

❷ 第一個於安息日前的星期五被創造的人 **亞當 (Adam)** 。

❻ 將來每逢安息日，我們也會在這地方敬拜 **天國 (heaven)** 。

❼ 耶穌也在安息日做這事 **教導 (taught)** 。

❽ 耶穌說他是安息日的 **主 (Lord)** 。

為上帝做**管理身體**的管家：

✔ 我只吃健康的食物。

_____ 我只吃我想吃的食物。

✔ 我不吸毒。

✔ 運動對我身體好。

✔ 我多喝水。

_____ 我經常很晚睡覺。

你可以想出其他方法照顧自己的身體嗎？把它們寫下來吧！

_____

_____

_____

_____

為上帝做**保護地球**的管家：

✔ 我會珍惜用水。

_____ 我會隨處棄置垃圾。

✔ 我會照顧大自然的花草樹木。

_____ 我會用彈弓射殺小鳥及小動物。

寫下其他可以幫助你保護地球的方法。

_____

_____

_____

為上帝做**管理財務**的管家：

✔ 我每月先把什一奉獻和其他奉獻撥出，獻給上帝。

_____ 我把所有錢花費在自己身上。

✔ 我會捐出部分金錢幫助有需要的人。

_____ 我要求父母買最新式的玩具、遊戲或服飾給我。

寫下其他可以幫助你好好管理財務的方法。

_____

_____

_____

為上帝做**管理時間**的管家：

_____ 我不節制自己看電視或玩電腦遊戲的時間。

✔ 我用時間去幫助別人。

✔ 我用時間去閱讀《聖經》和禱告。

_____ 我把所有時間都用來做家務。

_____ 我用時間去幫助有需要的鄰居。

寫下其他可以幫助你好好管理時間的方法。

_____

_____

_____

為上帝做**善用才幹**的管家：

_____ 我會用我的才幹和恩賜去為自己賺取金錢。

✔ 我會在敬拜聚會中奉獻音樂。

_____ 我只為了在測驗中及格而讀書。

✔ 當我的朋友在功課上遇到困難，我會盡力幫助他們。

寫下其他可以幫助你好好善用恩賜的方法。

_____

_____

我們是不是每天都擁有 24 小時呢？

我有時會用謊話來掩飾自己的過失。

 我每天祈禱。

 我會在朋友的背後說三道四，散播謠言。

 我是一個王子／公主，所以我不用做家務。

 我可以隨喜好而看電影。這些電影都對我沒有影響。

我幫助那些有需要的人。

吸煙或喝酒都是我個人的事，沒有人能管我。

我關心我的衣著打扮，衣服都必須要整潔稱身。

我到教會聚會，教會能幫助我與上帝和家人的關係更親密。

我相信身體是聖靈的殿。我需要吃得健康，做運動，並有充足的休息。

在這特別的日子裡，在 上 帝 面前，我將我的 承 諾 給你。
　　　　　　　　　　　4　19　　　　　　　18　5

無論是順境或是 逆 境 、富裕或貧窮、健康或 疾 病 、快樂或憂愁，
　　　　　　　7　13　　　　　　　　　　14　9

我將永遠在你身旁做你的丈夫／妻子。

我將毫無保留的愛你、 尊 敬 你，盡我所能 供 應 你的需要，
　　　　　　　　　　20　3　　　　　　1　16

在危難中 保 護 你，在憂傷中安慰你，與你在身心靈上共
　　　　17　6

同 成 長 ，我承諾將對你永遠 忠 實 ，疼惜你，直到 永 遠 。
　8　12　　　　　　　　　2　15　　　　　　10　11

供	忠	敬	上	諾	護	逆	成	病	永
1	2	3	4	5	6	7	8	9	10
遠	長	境	疾	實	應	保	承	帝	尊
11	12	13	14	15	16	17	18	19	20

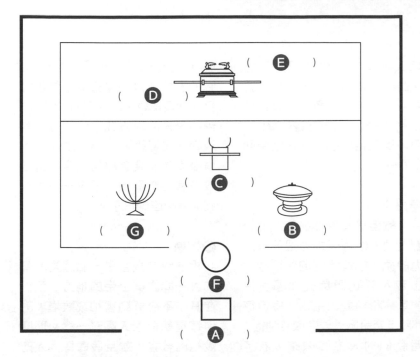

❶ 耶穌是天上聖所的 **大祭司**，為我們的罪 **代求** 。

（希伯來書 8：1，2）

❷ 耶穌現在正按著每人的 **言行** 進行審查的工作，好決定誰能在祂第二次再來時，和祂一起 **進天國** 。

❸ 上帝的寶座在天上的 **聖所** 。（啟示錄 4：1 4）

A 燔祭壇
B 陳設餅桌
C 香壇
D 約櫃
E 基路伯
F 洗滌盆
G 金燈台

O 死亡就像睡覺一樣。死去的人並不會知道身邊所發生的事。

X 跟死去的人談天是一件可能的事。

X 當一個人死去後，他的靈魂仍是繼續活著。

O 因為主耶穌從墳墓裡復活，所以我們都有復活的盼望。

X 人可以復活多過一次。

O 罪的工價乃是死。

X 不義的人不會從死裡復活。

O 第一次復活的人是那群愛主、為主犧牲的人。

X 復活的意思是死後復活，變成幽靈。

❶《聖經》是上帝所默示的話
我相信上帝默示每一位《聖經》作者，他們所寫的都是真的，他們所講的都能幫助我過健康快樂的生活。

❷三一真神
我相信愛我的上帝是父、子、聖靈三一真神。祂教導我怎樣過更好、更有意義的人生。

❸父上帝
我相信父上帝是宇宙眾生之源。祂慈愛又寬恕人，並且永遠不會離棄我。

❹子上帝
我相信子上帝耶穌創造這個世界和其中一切美好的事物。二千年前，祂降世為人，過一個無罪的人生。祂為了救贖人類，甘願被釘在十架上，使我們有得救的盼望，永遠在天家與祂一起生活。

❺聖靈
我相信聖靈上帝就是那微小的聲音，當我感到害怕、憂愁或孤單的時候，祂就向我說話，告訴我不用驚慌。聖靈也會教導我明辨是非，犯錯時我會感到內疚；但順服上帝的律法時，會感到喜樂。

❻創造
我相信上帝用六日時間創造天地，在第七日休息。祂造了樹木、動物、海洋、大山、亞當和夏娃，祂看著所造的一切，便快樂地說：「這一切都甚好！」

❼人的性質
我相信上帝照著祂的形象造人，每個人都享有自由去思想和做事。雖然犯罪和錯誤的選擇，帶給許多人痛苦和苦難，但我們仍是上帝的兒女。藉著聖靈的幫助，我們可以互相關心，就像上帝關心我們一樣。

❽善惡之爭
我相信撒但是真實存在的，他想毀滅人類，他每天竭力把那有破壞力的罪，放進我們的生活裡；而上帝希望我們每天都過著快樂、幸福和相愛的生活。撒但每天都和上帝爭戰，要奪取控制權，掌管我們的人生和未來。為了幫助我們戰勝罪惡，耶穌就賜下聖靈和差派天使來引導和保護我們。

❾耶穌的生、死與復活
我相信耶穌過了一個完美無瑕的人生，目的是讓我們知道，戰勝罪惡是可能的。祂為我的罪而被釘在十字架上，使我能夠進入天家。上帝叫祂從死裡復活，讓我知道如果我在耶穌再來之前死了的話，祂一樣可以叫我從死裏復活。

❿得救的經驗
我相信當我讓耶穌進入我的內心時，祂會把我罪人的身分改變成為上帝的兒女，並預備好永遠住在天國裡。當我研讀《聖經》和順從聖靈指引時，祂就教導我怎樣更像祂。感謝耶穌，我相信我的罪已蒙赦免，而且祂在天上已為我預備居所。

⓫在基督裡成長
我相信當我邀請耶穌進入我的內心時，我的生活就會立時有改變。我所看的，無論是書本、電視節目或網頁都會跟以前不同、吃的、聽的、去的地方或所說的話都會改變。《聖經》成為我生活的教科書，並且我會經常禱告。這些改變會不斷發生，日復一日，直到耶穌復臨的日子。

⓬教會
我相信我的教會是一個讓愛耶穌的人一同讚美上帝的地方，我們在其中不必感到害怕或難堪，就像每星期與家人團聚一樣。耶穌愛祂的教會，並且聆聽每個人的禱告和頌讚。

⓭餘民及其使命
我相信耶穌第二次再來之前，有些在我教會的人，寧願生活在罪惡中而忘記主的救恩，但有一群上帝的餘民，就是忠於《聖經》和聽從聖靈的人，他們會加倍努力的向世界宣揚上帝的愛。雖然餘民的數目不多，但他們卻能為上帝完成大事，催促耶穌復臨。

⓮基督身體的合一
我相信任何到教會敬拜上帝的教友，都應該歡迎任何種族、語言和膚色的人。在上帝眼中，我們都是平等的；外表和口音並不重要，因為我們都是天父的兒女。

⓯浸禮
我相信當我受浸時，是向人表明我愛上帝和願意過一個服侍主的生活。全身入水的浸禮就像一個罪人被埋葬，當他從水裡起來時，就是復活，為耶穌活出一個全新的和清潔的人生。

⓰聖餐禮

我相信耶穌被釘十字架前，與門徒吃最後的晚餐的時候，祂教導我們一項奇妙的真理，祂說葡萄汁代表祂所流的血，而餅就代表祂為我們捨去的身體。當我在教會領受「主的晚餐」時，便幫助我記念耶穌在十字架上為我的犧牲。

⓱聖靈的恩賜與職事

我相信上帝賜給我和你特別的才幹，讓我們可用來侍奉祂。我們各人都享有不同的恩賜，例如：音樂、講道、教導、藝術、查考《聖經》、探訪病人或熱情接待到訪教會的人等。每一種屬靈恩賜對上帝的工作都是非常重要的。

⓲預言的恩賜

我相信上帝教會的子民需要知道怎樣生活和將來有什麼事情發生，因此上帝呼召了一位名叫懷愛倫的婦人，成為祂的先知，向祂子民提供指引、教導和更正。她還幫助我們明白《聖經》的重要道理。當我閱讀上帝的先知在很久以前所寫的書籍時，我找到上帝今天希望對我說的話。

⓳上帝的律法

我相信上帝的十誡包含最好的生活準則，是上帝為了保護我遠離罪惡而制定的，表明上帝是多麼愛我，和希望我活得健康快樂。遵守十誡就像對上帝說「我愛你」一樣。

⓴安息日

我相信上帝定一週的第七日（星期六）為聖日。祂吩咐我在這日為祂所做的事，都要表明我相信祂是一切美物的創造主。上帝的聖安息日在星期五日落開始，在星期六日落結束。

㉑管家

我相信一切花草樹木、動物，甚至我自己都是屬於上帝的。上帝吩咐我要照顧祂所創造的東西，包括我自己，不受任何的傷害，所以我會珍惜上帝所造的一切。由於我是上帝的管家，所以我會忠心地將我的時間、才幹和金錢的十分一歸還給上帝。我希望上帝祝福這世界和當中的一切──包括我在內。

㉒基督徒的行為

我相信任何愛耶穌的人無論在說話、行為、飲食、工作上都應該與那些親近撒但的人不同。我所做的每一件事都應該讓人看到耶穌住在我的心中，我樂意遵行祂愛的法則。

㉓婚姻和家庭

我相信為了讓我們明白在天國生活的喜樂，上帝吩咐我們建立家庭。當我們愛我們的兄弟姊妹、叔伯嬸姨、父母和祖父母時，我們就是預先經歷與所有選擇愛和遵從上帝的人同住天國的體驗。我們的天父希望我們在地上的家是一個安全的地方，讓我們學習祂的愛和寬恕。

㉔基督在天上聖所的服務

我相信上帝吩咐摩西和以色列民在曠野建造聖幕，就是要讓我們知道耶穌現今在天上聖所裡正在做什麼。在曠野，祭司負責管理赦罪的工作和審判作惡的人，現在耶穌在天國正是做這些事情。祂是我們天上的祭司，願意饒恕我們的罪，從我們內心除去罪孽，並歡迎我們到天家。

㉕基督復臨

我相信很快有一天耶穌會回到這世界並且邀請每位選擇愛和遵從祂的人到天國。當祂再來的時候，那些選擇不接受祂的人就會滅亡。存活的就和那些從死裡復活的忠心信徒，一同離開這黑暗的世界，永遠與耶穌在一起。

㉖死亡與復活

我相信耶穌能使人復活，祂以前就曾使人復活（例如拉撒路和寡婦的兒子），當祂復臨時也會這樣做。因此，雖然我的家人中有些暫時睡了，但我會再與他們相見，因為上帝有戰勝死亡的能力。

㉗千禧年與罪惡的結束

我相信有一天罪和罪人會永遠消失。《聖經》說甚至那些在生前不接受上帝的人，將來復活時，他們會完全明白撒但是說謊的，並同意上帝的審判是公平合理的。他們會與撒但一同被火完全毀滅。

㉘新天新地

我相信當撒但和罪人消失時，天父所造的新天新地就會來臨，到時不再有死亡、眼淚、疼痛和苦難，有的只是和平與愛。最重要的是我、我的家人和所有愛上帝的人都會永遠活在這美好的世界裡。

國家圖書館出版品預行編目資料

耶穌愛我我知道：基督復臨安息日會基本信仰 28
條 / 查理斯 . 米爾斯 (Charles Mills), 龐美蓮 (Linda
Koh) 著；王忠吉 , 林思慧合譯 . -- 初版 . -- 臺北市：
時兆 , 2016.06
　　　面；　　公分
譯自：God loves me 28 ways
ISBN 978-986-6314-64-3(平裝)

1. 基督教 2. 信仰 3. 通俗作品

242.42　　　　　　　　　　105009277

基督復臨安息日會基本信仰28條

耶穌愛我我知道

作　　　者	查理斯 ‧ 米爾斯 (Charles Mills)、龐美蓮 (Linda Koh)
譯　　　者	王忠吉、林思慧
董 事 長	李在龍
發 行 人	周英弼
出 版 者	時兆出版社
客服專線	0800-777-798
電　　　話	886-2-27726420
傳　　　真	886-2-27401448
地　　　址	台灣台北市 105 松山區八德路 2 段 410 巷 5 弄 1 號 2 樓
網　　　址	http://www.stpa.org
電　　　郵	stpa@ms22.hinet.net
責　　　編	周麗娟、林思慧
美術編輯	時兆設計中心
封面設計	時兆設計中心
法律顧問	元輔法律事務所　電話：886-2-27066566
商業書店	總經銷 聯合發行股份有限公司 TEL：886-2-29178022
基督教書房	基石音樂有限公司 TEL：886-2-29625951
網路書店	http://www.pcstore.com.tw/stpa
電子書店	http://www.pubu.com.tw/store/12072
I S B N	978-986-6314-64-3
定　　　價	新台幣 140 元　美金 5 元
出版日期	2016 年 7 月 初版 1 刷